千葉勝美
Katsumi Chiba

同性婚と司法

Eurus
Notus
Boreas
Zephyrus

岩波新書
2008

はじめに——同性婚問題との出会い

今から九年前の二〇一五年のことである。当時、米国においては、いわゆる同性婚を法制度上の婚姻として認めるか否かについて、国論を二分するような意見衝突があり、大きな社会問題として放置できない状況に至っていた。米国全体として見ると、当時、既に同性婚を制度化していた州は、全五〇州のうち、三七州と首都ワシントンがそうである。一方、中東部オハイオ州などの一三州では、同性婚を認める規定等を有していなかったのである。

米国では、一般に、婚姻の定義と規則は、建国以来、各州の独占的な権限であるとされていた。しかし、同性婚を禁止している州においても、同性婚は本来容認されるべきであると主張し、それを禁止している州法は合衆国憲法修正第一四条の自由と平等の条項に違反し違憲であるとして、その州法の合憲性を争う訴訟が係属していた。そして、連邦最高裁判所は、二〇一五年六月二六日、ついに、この州法を違憲とする画期的な判断を示し、そのニュースは、全世界を駆けめぐった。

　この判決は、オバーゲフェル判決といわれるものである。そこでの五名の裁判官による多数意見は、《婚姻の権利は、憲法の保障する個人の自由に含まれるものであり、また、同性婚は婚姻（異性同士の結婚）と同じ本質を有しているので、これを排除するのは憲法の平等保護の規定にも反しており、同性婚を婚姻から排除する州法は、違憲・無効である。》と判示している。

　この多数意見は、連邦最高裁の中で中間派といわれていたケネディー裁判官が起案したものであるが、最後に次のような美しく、かつ情緒的な文章で多数意見を締めくくっており、話題を呼んだ。

「結婚ほど深遠な結び付きは存在しない。それは、愛、忠誠、献身、自己犠牲そして家族の至高の理念を体現しているのだから。同性婚を訴える申立人らの望みは、文明の最も古い制度から締め出されて、孤独の内に生きるべしという宣言をされないことである。憲法は、彼らに同性婚の権利を付与しているのだ。」

　次に、反対意見は、四名の裁判官が述べているが、その中で、ロバーツ米国連邦最高裁長官は、《同性愛ないし同性婚の問題は、長年にわたり、国民の間で、価値観、宗教的信念等を踏まえた大きな対立・抗争の歴史がある。それを、民主的基盤を持たない司法が乗り出して、憲法の明文の規定のない婚姻の権利を認めて一方の価値観に軍配を上げるのは控えるべきである。この問題は、立法に任せるべきであり、州法は違憲とはいえない。》としている。そして、ロバーツ長官の意見は、最後に次のような異例の締めくくりが加えられている。

「もし、あなたが、自分の性的指向がなんであれ、同性婚支持派であるならば、本日の判決を歓迎すればよい。しかし、憲法を祝ってはならない。憲法はこれとは何も関係がない。」

当時、私としては、これらの判決文を読んで、九名の連邦最高裁判事の合議がいかに白熱したものであったのかを感じ取ることができ、このテーマについての各裁判官の熱い思いを知らされたように感じたのである。

そんな折、この判決の直後といってよい同年七月七日に、日本の最高裁判所(寺田逸郎長官)の招聘に応じてロバーツ長官が来日した。その際に、ロバーツ長官と一五名の我が国の最高裁判事とが一緒に昼食を取りながら、日米両国における司法をめぐる諸問題について意見交換をする席が設けられた。私は当時、最高裁判事としてこれに参加した。しかし、言渡し直後のオバーゲフェル判決について質問することははばかられたので、米国の過去の著名な憲法判例や国論を二分するようなテーマについての司法の対応等といった質問なら差し支えないと思い、事前に手持ちのメモを作成していた。しかし、そのような質問は少し重すぎるという周囲のアドバイスがあり、結局ロバーツ長官の今回の来日のスケジュールに関する軽い質問をして終わりにした。しかしながら、私としては今になってもこのことが心残りであり、その意味でも忘れ難い出来事となっている。

ところで、米国ではこの判決の前から、『ジェンダー・マリアージュ』(二〇一三年)と題する同性婚裁判の当事者であるカップルの活動を描くドキュメンタリー映画が公開され大人気となっていた。また最近では日本においても、同性婚問題の解決のために立ち上がったＬＧＢＴＱ当事者のドキュメンタリー番組がＮＨＫで放映され、他の地方局からのネット配信が行われたりしている。私もそれらを観る機会があった。同性同士が自己の性的指向や性自認に沿って、社会的な差別や忌避される状況の中で、必死にお互いの愛を育み笑顔で穏やかな日々を送っている様子を見て、心打たれる思いがした。

以上のエピソードは、私にとって、ＬＧＢＴＱ問題に関する真にささやかな体験である。しかしながら、今日においては私としても、社会の多様性とその受容（Diversity & Inclusion）の重要性と、ＬＧＢＴＱ当事者のような性的マイノリティーが被る社会的差別を許してはならないということを考えるようになっている。そして、彼ら・彼女らが、真摯な愛に基づく公認された共同体を営むことへの強い思いがありながら、その願いが叶えられないでいることのつらさなどを感じ取れるようになってきたのである。そして、ＬＧＢＴＱ当事者の同性婚への願いは、自己の性的指向や性自認に従って生きるということであって、それは個人の尊厳そのものなのだということを、私としても、しっかりと認識するに至っている。

ここでいう「個人の尊厳」とは、個人の人格的生存に不可欠な利益で、侵してはならないものを意味する、個人主義思想を反映した概念であって、今日において、それはすべての基本的人権の核となる崇高な理念であるといわれている。

ところで、ＬＧＢＴＱとは、周知のとおり、Lesbian（レスビアン、女性同性愛者）、Gay（ゲイ、男性同性愛者）、Bisexual（バイセクシュアル、両性愛者）、Transgender（トランスジェンダー、性別越境者）及びQuestioning（自己の性自認や性的指向が定まっていない、あるいは、敢えて定めていないセクシュアリティないしQueer（クイア、風変わりな人））の総称である。そして、ＬＧＢＴＱ当事者に対する差別の原因は、性的指向と性自認の二つの面で社会の多数者とは異なっているという点にある。

しかしながら、このような性的指向は、ほとんどの人においては、人生の初期か出生前に決定され、本人の意思により選択ないし変更し得るものではないことが分かっている。そして、「同性愛」については、かつては、精神的疾患であるとか、社会秩序を損なう忌み嫌うべきものとされていたが、今日においては、そうした見方には科学的根拠がなく、単に性的指向の相違に過ぎないこと、そして、社会において一定の割合は存在し普通の生活をしている人達であることが明らかになっているのである。

ＬＧＢＴＱ問題の本質が以上のようなものであるとすれば、その差別の解消のためには、損なわれた個人の尊厳を回復し、婚姻による法的利益を享受できる状態を構築する必要がある。では、そのためにはどのような方法が考えられるのであろうか。それは、立法の場面での話として、政策論や運動論の領域の話なのであろうか。司法に携わってきた私としては、大いに気になるところとなっている。

婚姻について、日本国憲法の二四条一項、二項では、法律婚を特に取り上げて規定し、個人の尊厳と両性の本質的平等に立脚した制度化を求めている。しかし、そこでは、婚姻の当事者として、「両性」「夫婦」という用語が使われており、婚姻は異性同士によるものであると解されてしまうような規定ぶりとなっている。そうなると、二四条では、同性婚は想定していないということにもなろう。

また、憲法のこの規定を受けて、民法第四編は、第一章 総則、第二章 婚姻等において、婚姻と親族に関連する事項についての規定を設けている。それを踏まえて、戸籍法は、婚姻及び家族に関する戸籍に関する事務手続を規定しているのである。そこでは、婚姻については、婚姻の当事者を「夫婦」という男女を表す用語や、端的に、「男」「女」、「夫」「妻」といった用語を随所に置いている。例えば、民法七五〇条は、「夫婦」は、婚姻の際に定めるところに従い、「夫又は妻」の氏を称する、としている。また、戸籍法も、一三条や一四条等で「夫婦」という用語を随所で用いている。これらは、憲法二四条一項、二項の前記の解釈、理解を前提にして置かれたものである。

これらによれば、民法及び戸籍法の婚姻に関する規定では、婚姻は異性婚を表しており、同性婚は念頭になく、制度として予定されていないということになろう。

ところで、社会の多様性や、ＬＧＢＴＱの正しい理解については、今日、そのような価値観を推進すべきであるという点については、国民の多くがそれを支持していると思われる。しかしながら、ＬＧＢＴＱ当事者の同性婚を法律婚として認知し、制度化するためには、国会による民法、戸籍法等の関係規定の改正や特別法の制定が必要なのである。ところが、その点についての改正作業は、現時点では国会においては見られないという、いわゆる「立法不作為」の状態にある。そのため、この状態を変える方策が必要となろう。

日本国憲法においては三権分立を根本理念としており、立法、行政、司法の三権による相互の抑制均衡が謳われ、最も基本的な憲法秩序の原則とされている。そして、司法は、具体的な訴訟事件において、憲法八一条が規定しているいわゆる違憲立法審査権を行使し、事件に適用する法令を違憲と判断しこれを無効とすることができる。そして、その場合には、国会は、司法が判示する憲法の趣旨に沿った立法を行わなければならないのである。

そうすると、同性婚問題については、司法としてこのような対応を取ることは、政治的な運動論や政策論を是認し支援するというようなものではなく、司法の責務として果たすべき憲法の解釈・適用そのものであるというべきであろう。

本書は、実際に同性婚を認める方法が憲法の解釈・適用として可能なのかどうか、検討を行うものである。

なお、本書は、同性婚についての憲法問題を扱うものであるため、憲法論、判決文の紹介に関する記述が多くならざるを得ない。そこで、私としては、一般の読者の理解に資するように、全般に分かりやすい平易な表現、記述を心がけている。

そのため、法理論の厳密性、論理性や、専門用語の使用方法については、正確性に留意しつつも、分かりやすさに重点を置くことに腐心したつもりである。

しかしながら、改めて読み返してみると、理論的な正確さを重視しなければならない個所も多く、読者に負担を掛ける結果になっていることについては、ここで、お詫びを申し上げる。もっとも、全体の展開の中で、分かりにくいと思われた個所は読み飛ばしても、全体の大意は十分に理解いただけると思う。

これらの個所のエキスは、他の個所でも軽く紹介が繰り返されている。法理論等の紹介が詳しすぎると感じる読者は、これらの個所にはざっと目を通し、事後に必要に応じて確認する程度の読み方をしてほしい。その読み方でも、本書が言いたかったことについて十分に理解できると思う。そうなるように、私としても、できる限りの工夫を試みたつもりである。

本書では、「個人の尊厳」等、日常生活ではあまりお目にかからない用語がたびたび登場する。もっとも、私の体験からすると、その用語の醸し出す雰囲気に慣れるにつれて、その崇高な理念が身近に、しかも大切なものとして感じられるようになってくるのである。そして、この軽い一冊が、読者の心を少しでも軽やかにすることに役立つことがあるとすれば、誠に望外の喜びであり、そんなことを密かに期待しているところでもある。

なお、本書の出版に際しては、岩波書店の編集部の山下由里子さんから、内容、形式等に関し多くのご助言、ご助力をいただいており、この紙面を借りて御礼を申し上げる次第である。

二〇二四年一月　　千葉勝美

目　次

目　次

第一章　日本における多様性、ＬＧＢＴＱ問題のいま

今日の日本では、LGBTQ問題のうち、民法や戸籍法の規定が、同性同士には婚姻による恩恵を提供していないという区別取扱いがされていることについて、憲法違反であり、国会が立法的対応をしないのは違法であるとして、国家賠償を求める訴訟が既に複数提起されている。ここでは、まず、我が国において、明治期以降、同性愛・同性婚がどのようなものとして理解され、扱われてきたか、そして、LGBTQ問題の現状はどうであるかなどについて紹介したい[(1)]。

1　日本における同性愛・同性婚の歴史

まず、性的指向の意味・性格としては、人が情緒的、感情的、性的な意味で、他の人に対して魅力を感じること(「恋愛」ないし「性愛」)であり、この対象が異性に対して向くことが異性愛、同性に対して向くことが同性愛である。ほとんどの人の場合、この性的指向は人生の初期か出生前に決定され、人の意思により選択ないし変更し得るものではない。

なお、日本において、ＬＧＢＴＱ当事者の割合は、一〇％をやや下回るくらいだといわれている。

同性愛については、明治期においては、精神的疾患であり治療すべきもの、社会秩序を損ない絶対的に禁止すべきものとされており、また、明治民法における結婚とは、終生の共同生活を目的とする男女の、道徳上及び風俗上の要求に合致した結合関係であるとされていた。したがって、同性婚が認められる余地はなかった。

戦後、昭和五五年ころまでの間においても、同性愛は精神的疾患で治療すべきものとされ、教育領域においても、健全な社会道徳に反し、性の秩序を乱す行為となり得るものとされた。昭和二二年に改正された現行民法では、婚姻は社会通念による夫婦関係を築く男女の精神的・肉体的結合と解されており、ここでも同性婚は認められる余地がなかったといえる。

しかしながら、昭和四八年以降、米国精神医学会や世界保健機関等は、これまでの見解を改め、同性愛は精神的疾患ではないことを明らかにしており、日本においても、昭和五六年ころから同様の医学的知見が広がり始めた。

2　ＬＧＢＴＱ問題の国内外の現状

ＬＧＢＴＱ当事者が被る社会的差別が生ずる局面は様々であり、その差別の解消を図る動きが国内外で進められている。その具体的な動きとして代表的なものが、同性同士の結婚を婚姻制度として認めるということである。これを中心に、国内外の現状を見ていくことにしたい。

諸外国においては、既に多数の国々で同性婚等が制度として認められてきている。すなわち、近時、同性婚又はいわゆる登録パートナーシップ制度(同性カップルが、婚姻ではないがそれに類似する法的利益のほぼ全部ないし一部を享受できる法制度として認めるもの)を導入する国が増えており、また、同性婚を認めない法制度が憲法に違反するという司法判断が示されている国も存在する。二〇二三年二月時点で同性婚の制度を導入した国・地域は、オランダ、ベルギー、スペイン、カナダ、南アフリカ、ノルウェー、スウェーデン、ポルトガル、アイスランド、アルゼンチン、デンマーク、ブラジル、フランス、ウルグアイ、ニュージーランド、英国、ルクセンブルク、メキシコ、米国、アイルランド、コロンビア、フィンランド、マルタ、ドイツ、オーストラリア、オーストリア、台湾、エクアドル、コスタリカ、チリ、スイス、スロベニア、キューバ、アンドラ、ネパール及びエストニアにまで広がっている。

特に、先に述べたように、米国連邦最高裁判所は、二〇一五年六月二六日に、いわゆる**オバーゲフェル（Obergefell）事件**において、婚姻の要件を異性同士のカップルに限るとして同性婚を認めない州法の規定は、合衆国憲法修正第一四条が定める実体的デュー・プロセス（適正手続保障）及び平等保護条項に違反する旨の判決を言い渡し、世界的なニュースとなった。すなわち、この修正第一四条は、その一項では、「いかなる州も、法の適正なプロセスによらずに、何人からもその生命、自由又は財産を奪ってはならない。いかなる州も、その管轄内にある者に対し、法の平等な保護を否定してはならない。」としているのである。(2)

ところで、我が国において、同性婚の賛否等に関する国民の意識調査の結果は次のとおりである。

国立社会保障・人口問題研究所が平成三〇年に行った全国家庭動向調査によれば、同性カップルにも何らかの法的保障が認められるべきかという調査項目に、「まったく賛成」又は「どちらかといえば賛成」と回答した者は七五・一％に及んでおり、「まったく反対」「どちらかといえば反対」と回答した者の二五・〇%を凌駕している。

そして、同性婚を法律で認めるべきかという調査項目でも、「まったく賛成」又は「どちらかといえば賛成」と回答した者も六九・五%となり、「まったく反対」又は「どちらかといえば反対」と回答した者の三〇・五%をここでも凌駕している。

3　同性婚の本質と個人の尊厳

婚姻による法的利益と社会的利益

法律上の婚姻により得られる法的利益と各種の社会的利益については、NPO法人EMA日本の資料によれば、その数は多数に及ぶが、具体的な法的利益として主な例を挙げると、次のとおりである。

①配偶者と実子ないし養子の共同親権を持つことができる、②配偶者の遺産を相続できる、③配偶者死亡の際の遺族年金、公的年金の死亡一時金がもらえる、④医療保険の被扶養者になれる、⑤労災補償の遺族補償・遺族給付がもらえる、⑥所得税の配偶者控除・配偶者特別控除

が受けられる、⑦相続税の配偶者控除が受けられる、⑧医療費控除のための医療費合算ができる、⑨配偶者介護のために介護休業を取得できる、⑩離婚時の慰謝料請求ができる、⑪離婚時の財産分与請求ないし年金分割ができる、⑫公営住宅に二人で入居できる、その他多数に及んでいる。

また、社会的利益としての例を挙げると、（i）配偶者に対する医療行為に同意できる、（ii）自動車保険の「運転者家族限定特約」を利用できるなど、これもその他多数に及んでいる。

ところが、同性婚については、それが法制度として認められていないため、これらの多くの法的利益や社会的利益を享受できないという不利益を甘受せざるを得ない。この点は、同性婚の当事者にとっては、深刻な問題といえよう。

同性愛者が享受できていない、個人の尊厳

ところで、私が問題意識を持っているのは、同性婚が認められていない当事者には、これらの法的利益や社会的利益の享受ができないという問題ももちろんであるが、それだけではない。

本質的な問題として、精神的でより深刻な不利益、すなわち個人としての尊厳が損なわれているということなのである。

すなわち、我が国の現行の民法や戸籍法では、異性同士の婚姻という制度を前提とした規定しか置いていない。そのため、同性愛者同士が自己の性的指向を踏まえた恋愛、性愛に従って、永続的な精神的及び肉体的結合を目的として、真摯な意思をもって共同生活を営んでいるという同性婚状態にある場合であっても、**《婚姻によるかけがえのない個人の尊厳としての喜び》**を享受できないという深刻な不利益を甘受せざるを得ないのである。

何よりも、二人の個人の精神的・肉体的結合という「婚姻」制度における当事者としての人格的で根源的な永続性のある結び付きの喜び、日々の精神的な充実感、相互の助け合いによる一種の運命共同体的な安心感や相互の心からの尊敬と信頼関係の素晴らしさ等は、まさに「婚姻」の持つ社会制度・法制度としての根源的な価値であろう。そうであるのに、同じように、精神的・肉体的に結び付いた同性婚の当事者は、このような《婚姻によるかけがえのない個人の尊厳としての喜び》を享受できないという状態に置かれているのである。そしてこのことは、まさに憲法一三条の幸福追求の権利が損なわれている深刻な状態というべきであろう。

加えて、そもそも同性婚が制度としての婚姻には含まれない、あるいは立法政策としても婚姻に含めないとされている状態は、後述の札幌地裁判決が詳述しているように、それ自体を取り出すと、性的指向を理由とする差別的扱いそのものである。これは、憲法一四条の場面においては、当然に平等原則違反とされるような状態なのである。

このような状態に対しては、先に述べたように、同性愛は精神的疾患であるとか、不道徳なものであるといった誤解は解消されているので、世界的には、多くの国が既に同性同士の婚姻を制度として認める法的措置を執っている。あるいは、やむを得ない当面の代替措置として、我が国においてもパートナーシップ宣誓制度が多数の地方自治体で採用されてきているのである。

我が国の司法としては、このような個人の尊厳が損なわれている状態について、それを解消し救済することこそが自らの責務であるという自覚が求められているように考える。

そして、そのためにどのような法解釈・憲法解釈が可能なのかを、以下で探っていくことにしたい。

第二章　日本の五つの同性婚裁判

最高裁判所にある正義像

1 法律が憲法に違反するということの意味

本書の内容の理解に必要な範囲で、念のため、「法律等が憲法違反とされること」の意味について説明しておきたい。

婚姻を含む制度は、基本的に法律に根拠を有している。法律を制定するのは国会である。そして、すべての法律は、憲法に抵触することができない（これが、いわゆる憲法の最高法規性である）。憲法に違反している法律は無効となり、無効とされた法律に基づく制度は根拠を失うので、改正しなければならない。

ところで、ある法律が憲法に適合するかしないかを判断するのが、裁判所による違憲立法審査権の行使であり、そこでの最終的な判断は終審である最高裁の判断ということになる。民法等の法律が同性婚を認めていない場合、そのことを裁判所が違憲と判断し、この判断が確定すると、国会には、これら民法等の法律を改正すべき義務が生ずることになる。国会がこの法律を違憲であると考えて自主的に改正すれば、裁判所が出ていく（違憲立法審査権を発動する）必要はないが、国会の自主的な改正が見込めない場合に、当事者が裁判所に訴えを提起し、裁判所による合憲性の審査がされることになるのである。

このように、ある法律等の合憲性が争われている具体的な裁判が、一般に「憲法裁判」と呼ばれるものである。要するに、「憲法裁判」とは、争点に憲法問題を含む裁判を一般にこう呼称するものであって、それが民事裁判や刑事裁判等に限定されるものではない。

ところで、近時、我が国では同性婚訴訟が五つの地裁に提起され、憲法裁判として注目された。その事案の中心的な内容は次のとおりである。

これらの事件では、いずれも、同性同士のカップルが、居住地において婚姻届を提出したが、民法及び戸籍法の関係規定（本件規定）では婚姻は異性間のものに限り、同性間の婚姻は認めていないことを理由に、不受理とされてしまった。そこで、同性カップルは、婚姻届の根拠法令である民法等には同性間の婚姻による法的利益の享受ができるような規定が置かれておらず、他にその享受ができる法的枠組みを設けていないことを理由に、このような区別取扱いは、憲法二四条、一三条、一四条に違反し違憲であると主張しているのである。

そして、裁判所によるこの区別取扱いについての合憲性の審査の結果、違憲と判断された場合には、国会としては、現行の規定を、判決の理由中で示された判断に沿って改正する立法措置が求められることになるのである。

なお、これらの五つの裁判は、いずれも国家賠償請求を求める訴訟であり、この区別取扱いが違憲であるのに民法等の規定を改正しないまま放置していることが違法であると主張して、争っているのである。

2 ばらばらな五つの地裁の憲法判断

前記のとおり、近時、民法等において同性婚を認める規定を置いていないことによる区別取扱いの合憲性をめぐって争われた同性婚訴訟は、札幌地裁、大阪地裁、東京地裁、名古屋地裁及び福岡地裁の五地裁に係属していた。しかし、令和五年六月までに、すべて判決が言い渡され、合憲性に関する判断が示されている。

そこでの憲法判断を見ると、民法等の規定によるこの区別取扱いが合憲かどうかの結論だけでなく、その判断過程における憲法の関係規定の解釈と適用の仕方においても、五地裁の間ではばらつきのある内容となっている。そのことはいみじくも各地裁において、この判断の困難さ、着眼点についての決め手を見つけることの迷いを表しているといえよう。

この五つの判決の概要については、後述の「同性婚訴訟　五つの地裁の憲法判断一覧」に、結論を中心に分類し、紹介している。

これらの五判決については、本章の3〜7において、順次、判決の概要と私の若干のコメントを紹介している。そこでは、最初の札幌地裁判決の紹介を詳しめに行っている。次に、残りの四地裁の判決についても、順次説明を行っているが、その内容は、法律論の展開もあり、錯綜している。そこで、東京地裁の判決を代表に選び、その紹介とコメント（本章5）をやや詳しく行っている。読者の皆さんには、四つの地裁判決のうち、取りあえず東京地裁判決の個所に目を通してもらえれば、全体の主要な問題点は理解いただけるのではないかと考えている。

なお、東京地裁、名古屋地裁及び福岡地裁の三つ判決では、後述の登録パートナーシップ制度と憲法二四条二項との関係で、違憲状態ないし違憲の判断が示されている。この点については、別途、本書の第五章の1及び2以下で説明を追加している(3)。

地裁の憲法判断一覧

東京地裁（令和4年11月）	名古屋地裁（令和5年5月）	福岡地裁（令和5年6月）
合憲 異性婚を想定．同性婚は保障せず．	**合憲** 異性婚を想定．同性婚がなくても違憲でない．	**合憲** 異性婚を想定．同性婚は保障していない．
違憲状態 制度が全くないのは差別．しかし立法裁量．	**違憲** 「家族」には登録PSも入る．	**違憲状態** 家族に関するその他の事項に登録PSも入るが，立法裁量残る．
		合憲 同性婚等は憲法上の権利とはいえない．
合憲 異性婚を定める1項に従ったもの．	**違憲** 性的指向による差別扱い．	**合憲** 24条1項に基づくもの．

3　平等原則違反とした札幌地裁

LGBTQ問題における先駆性

本件は、同性愛者のカップルが原告となり、民法及び戸籍法の規定が同性同士の婚姻を認めていないことは、憲法一三条、一四条及び二四条に違反しているとし、それにもかかわらず、必要な立法措置を講じないことが国家賠償法上違法であるとして、国に対し慰謝料の支払い（国家賠償）を求めたものと整理できる。そして、札幌地判令和三年三月一七日（判時二四八七号三頁）は、国家賠償の請求は排斥したものの、その判決の理由中で、民法等

同性婚訴訟　五つの

	札幌地裁（令和3年3月）	大阪地裁（令和4年6月）
憲法24条1項（婚姻は両性の合意のみに基づいて成立）	**合憲** 異性婚を想定．同性婚は保障せず．	**合憲** 異性婚を想定．同性婚は想定せず．
憲法24条2項（婚姻と家族に関する事項）		**合憲** 婚姻類似の制度は立法裁量による．
憲法13条（幸福追求の権利）	**合憲** 同性婚の制度は保障せず．	**合憲** 具体的な制度がない．
憲法14条1項（法の下の平等）	**違憲** 婚姻以外の制度がないのは差別．	**合憲** 異性カップルとの差は緩和されつつある．

登録PS：登録パートナーシップ制度．

の規定による区別取扱いが憲法一四条一項に違反する旨の判断を示した。

ところで、我が国において、LGBTQ問題への正しい理解の促進と、性的マイノリティーに対する差別の禁止や権利の尊重を図ろうとする社会運動は、近年急速な広がりを見せている。そのような状況の中で、本判決は、LGBTQ問題を正面から取り上げ、それが精神的な疾患であるとか、健全な社会道徳に反し性の秩序を乱す行為となり得るものとする従前見られた捉え方について、問題の本質を正解せず科学的根拠のないものであることを詳細に認定している。その上で、民法等の規定における区別取扱いについて、その憲法適合性を正面から判断しているのである。

このような処理は本件札幌地裁判決が初めてであり、その結果、ＬＧＢＴＱ問題は、司法としても正面から受け止めるべき深刻なテーマ、憲法問題であることが認知されることになったのである。以下、本件札幌地裁判決の憲法判断の内容を見ていくことにしたい。

婚姻に関する権利、幸福追求権に関する判断

日本国憲法は、一三条で、「すべて国民は、個人として尊重される。生命、自由及び幸福追求に対する国民の権利については、公共の福祉に反しない限り、立法その他の国政の上で、最大の尊重を必要とする。」と規定し、一四条一項では、「すべて国民は、法の下に平等であって、人種、信条、性別、社会的身分又は門地により、政治的、経済的又は社会的関係において、差別されない。」と規定している。そして、二四条では、一項で「婚姻は、両性の合意のみに基いて成立し、夫婦が同等の権利を有することを基本として、相互の協力により、維持されなければならない。」とし、二項では「配偶者の選択、財産権、相続、住居の選定、離婚並びに婚姻及び家族に関するその他の事項に関しては、法律は、個人の尊厳と両性の本質的平等に立脚

して、制定されなければならない。」という規定が置かれている。

本件札幌地裁判決は、まず、同性婚が現行憲法二四条又は一三条においてどのように扱われているのかを問題にし、比較的簡単に判断を示している。

すなわち、現行民法への改正や憲法が制定された戦後初期のころにおいても、同性愛は精神的疾患であるとされ、同性婚は許されないものと解されていたという経緯を認定している。それに加え、憲法二四条一項は、「両性の合意」「夫婦」という男女のペアを表す文言を用いており、また、同条二項も「両性の本質的平等」という文言を用いていることから、二四条は異性婚について定めたものであり、同性婚について定めるものではないと解されると判示した。

また、一三条との関係では、憲法二四条二項が具体的な婚姻の制度の構築を第一次的には国会の合理的な立法裁量に委ねており、そうすると、包括的な人権規定である憲法一三条によって、同性間の婚姻と家族に関する特定の制度を求める権利が保障されていると解することは困難であるとしている。

そして、これらによれば、民法等が同性婚を認めていないことが憲法二四条、一三条に違反すると認めることはできないと結論付けている。

このように、本件札幌地裁判決は、婚姻という法制度には同性同士の場合も含まれ、これを基本的人権の保障として制度化している(すなわち、同性婚を認めている)、というような憲法解釈は採り難いとしている。その判断の手順・枠組みを考えると、後に述べるように、この問題は憲法二四条や一三条で解決できるものではなく、性的指向による差別であるから、平等原則を定めた憲法一四条一項適合性の有無によって処理すべき問題であると考えたのであろう。

平等原則に関する判断

次に、区別取扱いと憲法一四条一項適合性については、同性同士の婚姻を認めないのは、性的指向を理由とする区別取扱いであり合理的な根拠を欠き、憲法違反である旨を、強い熱量を感じさせる詳細な説示により結論付けている。その骨子は次のようなものである。

①性的指向は、自らの意思にかかわらず決定されるものであり、これに基づく区別取扱いが合理的根拠を有するかは慎重に検討する必要がある。②婚姻によって生ずる様々な法的効果は重要な利益であり、異性愛者と同性愛者との差異はこのような性的指向が異なるのみであるのに、両者間で、結婚によって享受する法的効果に差異があって良いとする理由はない。③同性

愛は、かつては精神的疾患であり健全な社会道徳に反するものとする誤った知見が広がっていたが、平成四年ころまでにはその科学的・医学的根拠が失われた。④国内外において、性的指向による区別取扱いの解消を求める意識が高まってきている。⑤婚姻や世帯家族に関する事項は、その時代の夫婦や親子関係についての全体的規律を見据えた総合判断で決まるので、国会の立法裁量を待たなければならない。そうであったとしても、本件規定が同性愛者に対する婚姻による法的効果の一部ですらもこれを享受する法的手段を提供していないことは、立法裁量の範囲を超え合理的根拠を欠くものである。本件区別取扱いは、その限度で差別取扱いに当たり、憲法一四条一項に違反する。

なお、その上で、本件札幌地裁判決は、本件規定を改廃しないこと（立法不作為）が、国家賠償法一条一項の適用上違法であるかどうかについては、否定している。その判断は次のとおりである。

今日、国民の多数が同性婚等に肯定的になったのは比較的近時のことと推察できるし、同性愛者のカップルの保護に関する国会での議論は平成二七年に至ってからである。加えて、同性婚が制度化されていないことの合憲性についての司法判断がこれまでなかった。以上から、民法等の関係規定が憲法一四条一項に違反する状態に至っていることを国会が直ちに認識することは容易ではなかったので、立法不作為が違法であるとはいえない。したがって、原告らの国家賠償の請求を棄却する。

平等原則の今日的な意味

このような本件札幌地裁判決の一四条一項違反の判断の意味を、私なりに考えてみたい。

今日、各種の社会制度の設計や運営において、色々な技術革新だけでなく、地球環境の保護、SDGsなどのようなグローバルな新しい価値観や理念が関係するものが多くなってきている。あるいは、「個人の尊厳」のように、理念自体は広く疑いなく承認されているものであっても、その具体的な適用場面が様々であり、また、理念自体の重要性・不可侵性等の意識が異なる状況も生じている。そうすると、このような新しい価値観や理念に対する評価と既存の制度とが整合しない状況、すなわち、既存の制度を支えていた価値観等が今や大きく変容し、適合性を欠くような状況も出現している。そのため、その制度によって生ずる様々な区別の合理性についての評価も異なってきていることが、社会各層において見られるところである。

そのような状況においては、従前から承認され、伝統的に社会制度として存続しているものであっても、また、それが文化的、思想的、宗教的あるいは倫理的・道徳的な考え方に結び付いて歴史的に受容され続けているものであっても、そこで新たに生ずる格差、区別等については、それが深刻なものとして認識されてきている。それは、制度の正統性を脅かしかねないものとなろう。

そして、テーマによっては、これらは、従前からの価値観を有する者と新しい価値観を求める者との間で、妥協の余地のない社会的紛争、価値観の対立を生じさせている。その結果、それが少数者に対する深刻な差別意識を生み、そのため、社会的に大きな混乱を招くおそれが大きくなっているといえよう。

今日の同性愛、同性婚問題は、今や、このように、新旧の価値観の対立という様相を帯びた法的な紛争となっているようである。

すなわち、「婚姻」という制度は、我が国の昔からの歴史・伝統等では、異性間のものという観念に支えられていた。そしてそれは、子を産み育て、家族を守るべきものであって、その点は今日でも変わるところはない。

他方、同性愛に対する近年の大きな科学的な解明、社会的な評価、そして個人の尊厳こそが社会的に守るべき基本的な理念であるという認識が、グローバルに広がってきているという状況が生じている。これは、これまで歴史と伝統に支えられ、異性婚を当然のことと観念していた婚姻という制度についても、それによる影響が及んでいるのである。

そして、憲法一四条一項は、法の下の平等を謳い、明文で性別による差別を禁止している。それは、個人の尊厳に関わる重要なテーマであって、司法としては、その問題にどのように対応するのかが問われ、注目されているのである。

要するに、今日、憲法一四条一項の問題については、司法としては、これまでの価値観等を所与の前提とすることができない場合があることを念頭に置く必要が生じている。そして、時代の流れを読み取り、正義にかなった公平な判断を下す場面やテーマが多くなってきているのである。そのことをしっかりと認識しなければならない。その上で、未来に繋がる判断を行うことが求められているのである。同性婚問題は、まさに、その試金石ともいえるテーマとなっている。

本件札幌地裁判決も、このような思考を基に、その認定事実を踏まえ、社会全体の価値観の変容等をも見極めながら、民法等が同性婚を認めていないことは、性別を理由とする不合理な区別であるとして、違憲判断をしたのである。

「憲法二四条で合憲」と「憲法一四条で違憲」との整合性

本件札幌地裁判決の憲法一四条一項違反の判断の意味は以上のとおりであるが、これと別の二四条違反の主張については、これを採用できないと判断している。そのため、この二つの判断が整合しているのかについての検討が必要であろう。

すなわち、異性婚のカップルと同性婚を求めるカップルとの間に法的利益享受等における区別・差別取扱いが存在したとしても、それは、前記のように、憲法二四条が、異性による婚姻を社会的な婚姻制度として位置付けているからである。**換言すれば、同性婚は二四条にいう婚姻制度とは別のものと考えているということになる。そうすると、我が国では、婚姻として認められる制度としては異性婚しかないということになろう。**しかし、それでは、両者を比較して同性婚に対しては区別取扱いが生じているとしても、それは、そもそも両者を同じ土俵に上げて比較し評価することはできないということになるのではなかろうか。憲法が最初からその区別を前提にして婚姻制度を考えていると解さざるを得ないからである。そうであれば、その区別だけに着目して、それが当然に合理性を欠くものと判断することはできないということになろう。

ところが、この点について、本件札幌地裁判決は、一四条一項違反に関する説示を次のように展開している。

①婚姻の本質は、両性が永続的な精神的及び肉体的結合を目的として真摯な意思により共同生活を営むことにあるが、これは同性愛者間でも可能であると解される。②憲法二四条が婚姻は異性婚のみとした理由は、昭和二二年民法改正当時、同性愛は精神的疾患とされ、同性愛者は社会通念に合致した正常な婚姻関係を築くことができないと考えられていたからにすぎない。さらに、③二四条は異性婚について定めるものであり同性婚について触れるものではない。その上で、**④これらを考え合わせると、二四条は、同性愛者が婚姻の本質を伴った共同生活を営んでいる場合に、同性愛者のカップルに対する一切の法的保護を否定する趣旨まで有するものとは解されない。**

しかしながら、この④の結論的な判断については、まず、前記②の同性愛についての理解に誤解があったとしても、誤解がなければ、二四条の婚姻制度の成立・解釈は同性婚を含んだものになったとは必ずしも言えない。

また、前記③でいう、二四条において、異性婚について定めているが同性婚について何も定めていない、ということから、同性婚について同条は、婚姻に伴う法的利益の享受を否定したものではない、という解釈が示されている。これについては、次のように言い換えることができよう。すなわち、二四条は、同性婚については、これを明確に否定していないので、婚姻の本質的実態があれば婚姻として許容しているのであって、婚姻として認めるべきである。そういう説明になるのであろう。

しかし、この論理を前提にすると、二四条については、①の婚姻の本質を満たしている場合には、異性婚以外の婚姻も許容し、婚姻として認めている、あるいは認めるべきであると解することになる。それは結局、二四条は、異性婚だけではなく、禁止すると明示されていない限り、「婚姻の自由」を広く認めていることになろう。そこまでいくと、例えば、当事者相互が真摯に愛し合うのであれば、三者間の婚姻や一夫多妻制の婚姻も法制度として許容されている(二四条により合憲である)ということにもなり、歯止めがなくなりそうである。それは、憲法二四条の趣旨とは整合しないように思われる。

やはり、二四条という憲法の明文の規定は、異性婚を婚姻の制度として規定しているだけであり、同性同士の婚姻については規定していないのである。そうであれば、結局、**憲法は法制度としての婚姻としては同性婚というものは想定していない**、ということになろう。

すなわち、日本国憲法の理解としては、婚姻については、明治民法による家制度での規制を払拭しようとし、新たな憲法の人権理念(個人の尊厳と婚姻関係の当事者等の本質的平等の理念に立脚したもの)によるものを制度化しようとしていたということは分かる。それはそれとして、**条文の文言によれば**、そこにおいては、そもそも婚姻という法制度としては異性婚を内容とするものを想定し、規定したのであって、それは我が国の伝統的な観念にも合致しているのである。そうなると、現行の憲法秩序としては、同性同士の婚姻という観念・制度が入り込む余地はないということになるのではなかろうか。

以上のように考えると、本件札幌地裁判決において同性婚については、そのための規定を民法等が用意していなくとも二四条違反ではないとしていながら、次の一四条一項の平等原則違反かどうかについては、これと別問題として考えて処理できるとする試みは、成功しているのであろうか。この試みは、果たして二四条を含めた全体的な憲法解釈として整合性が取れるのであろうか。この点には大きな疑問が生じてこよう。

憲法制定当時、同性愛についての一般的な理解がどうであれ、二四条は、その文言上は、異性婚を取り上げて、婚姻は両性の合意のみで成立する旨を規定している。この規定は、憲法が社会制度としての婚姻の基本原則を定めたのであり、そこでは、同性同士の婚姻は社会制度としてはそもそも想定されていなかったことを意味するのである。すなわち、このような重要な社会制度の成立について定めている二四条であるのに、同条については、同性婚を社会制度としても認める余地を残している、すなわち許容していると解することは困難である。この規定は、やはり、当時の夫婦や親子関係についての全体の規律、社会全体の伝統的な結婚観等を踏まえて、このような異性婚を念頭に置いた婚姻制度を憲法秩序としたはずである。

そうであれば、「同性の者同士の婚姻」については、憲法が想定する婚姻とはいえないことが**二四条の文言からは明らかである。**そうなると、同性同士の婚姻も憲法上、許容されている、と解することは、やはり無理なのではなかろうか。

以上によれば、婚姻と家族制度に関する特別規定である憲法二四条が存在している以上、司法としては、その憲法解釈・適用において、同性同士の婚姻もここでいう婚姻に含まれるとして、性的指向による差別を解消しようとすることは容易ではない。そのためのハードルは、決して低いものではないといえよう。

そうすると、それを乗り越えるための憲法判断がそもそも可能なのか、それを乗り越えるためにはどのような対応、解釈上の工夫が必要なのかは、さらに、改めて別の角度からの検討、工夫が必要であると考える。

4　全面的に合憲と判断した大阪地裁

次に、令和四年六月二〇日言渡しの大阪地裁判決(判時二五三七号四〇頁)は、同性間の婚姻を認めていない民法等の規定が、憲法二四条、一三条及び一四条一項に違反するかについて、大要、次のとおりの判断を示し、合憲と結論付けている。

憲法二四条一項に適合するか

二四条一項には、「両性」や「夫婦」という文言があり、二項も「両性の本質的平等」の文言が用いられている。このような文言や制定経緯等に照らすと、「婚姻」は異性婚のみを指し、同性婚を含むものではない。そうすると、婚姻の自由は、異性間にのみ及び、同性婚は含まれないので、本件規定は二四条一項に違反するとは認められない。

もっとも、誰と結婚するかの選択は個人の自己実現そのものであり、同性婚又はこれに準ずる制度を認めることは、憲法の普遍的価値である個人の尊厳や多様な人々の共生の理念に沿うものである。そうであれば、同性婚やそれに準ずる制度を構築することは禁止されているとはいえない。

憲法一三条に適合するか

婚姻の自由は、憲法の定める婚姻を具体化する法律によって初めて与えられ、自然権的なものではない。そうすると、憲法一三条で保障されている人権とはいえず、民法等の規定は一三条に違反するとはいえない。

婚姻関係を社会から承認されることの意味

婚姻による利益は、相続等の経済的利益のみならず、人的結合関係が公的承認を受けて社会の中でカップルとして公に認知されて共同生活を営むという「公認に係る利益」にも含まれる。これは、個人の尊厳に関わる重要な利益であるから、同性愛者にも認められ、二四条二項で考慮されるものである。

同性愛者は、契約等によって一定の範囲までは婚姻と同等の効果を受けることができるとしても、「公認に係る利益」は満たされていない。しかし、それを実現するための婚姻類似の制度が考えられるが、その創設については、様々な考慮要素があり、民主的過程(国会での議論)において決められるものである。現段階で、何らかの法的措置が執られていないとしても、立法裁量の逸脱・濫用で違憲であるとはいえない。

憲法一四条一項に適合するか

同性カップルへの法的保護については議論の過程にあり、異性カップルが享受する利益との差は相当程度解消され緩和されつつあるので、一四条一項違反とは直ちにいえない。

「同性婚は「婚姻」ではない」で良いか

大阪地裁判決は、同性婚は同性愛者が婚姻類似の制度を望むもので、憲法が直接定めた権利ではないが、禁止されていない利益と位置付けされている。そうすると、それは二四条二項での考慮要素にはなるとしている。

しかし、同性婚が二四条二項が前提とする同条一項の「婚姻」そのものではないので、それを制度化すべきかどうかは立法裁量によることになり、現段階では、違法・違憲でないというのであろう。

この判決が「公認に係る利益」に着目した点は、同性婚の当事者の心情を理解し、この問題の本質に沿うものである。しかし、同性婚は、婚姻そのものではなく、それとは異なる類似したものとなるので、制度にどのような内容を盛るか、どこまで婚姻に近づけるかは、結局、立法裁量の問題となる。そのため、同性婚を憲法問題として考える視点がなくならないかが気になる点である。

5　違憲状態だが違憲ではないとした東京地裁

令和四年一一月三〇日言渡しの東京地裁判決(判時二五四七号四五頁)は、同性間の婚姻を認めていない本件規定が、憲法二四条一項及び二項並びに一四条一項に違反するかについて、大要、次のとおりの判断を示した。

憲法二四条一項に適合するか

二四条が「両性」「夫婦」等の男性と女性を示す文言を用いている。また、婚姻は、当事者の結合関係がその時代の社会通念に従って婚姻と認められるような関係、いわば社会的な承認を受けた人的結合関係をいうものと解されてきている。そうすると、憲法制定当時において婚姻は男女間のものという考えが前提となっていることからすれば、二四条にいう婚姻には同性婚を含まないものと解される。

したがって、現段階において、二四条の婚姻に同性婚を含まないという解釈を変更すべき状態にはなく、本件規定が二四条一項に違反するとはいえない。

憲法一四条一項に適合するか

二四条二項は、婚姻及び家族に関する事項における立法裁量については、個人の尊厳と両性の本質的平等に立脚して行使すべきであるとしているので、区別取扱いが生じたことに合理的根拠が認められない場合には、一四条一項違反となる。

しかし、前述のとおり、二四条一項は異性婚を定めており、本件規定が同性婚を認めていないのは、一項の要請に基づくもので合理的根拠があり、一四条一項違反とはいえない。

憲法二四条二項に適合するか

二四条二項は、法律婚制度に同性婚を含めることについては何も触れていないので、民法等の規定が定める婚姻を同性間にも認める立法をすること、又は同性間の人的結合関係について婚姻に類する制度を構築することを禁止するものではない。

憲法二四条二項は、婚姻に関する事項のみならず、「家族」に関する事項についても規定しており、「パートナーと家族になるための法制度」がこれに当たり、少なくとも、このような婚姻に類する制度は婚姻についての伝統的な価値観とも両立している。

現行法上、同性愛者について、「パートナーと家族になるための法制度」が存在しないことは、同性愛者の人格的生存に対する重大な脅威等であり、個人の尊厳に照らし合理的理由はなく、**二四条二項に違反する状態**にある。

しかしながら、前記の「パートナーと家族になるための法制度」をいかなる制度にすべきかについては、社会的諸要素を踏まえつつ検討すべきであり、その意味で立法裁量に委ねられている。そうすると、結局、民法等の規定が**二四条二項に違反するとはいえない**。

なお、国家賠償請求については排斥している。


再・「同性婚は「婚姻」ではない」で良いか

前述のように、本判決は、二四条一項は異性婚を定めており、それは、一項の「両性」「夫婦」という文言のみならず、その時代の社会通念に従ったものであるとし、現時点では、この解釈を変更すべき状態にはないとしている。また、憲法一四条一項についても違反しないとする判断を示している。そうであれば、今後、社会通念が変われば、憲法改正をしなくとも、二四条一項の婚姻には同性婚を含ませることができるということになろうが、その点の理論的な説明はない。

ところで、二四条二項は、一項を前提にした規定である。そうすると、二項は、婚姻すなわち異性婚及びその家族に関する事項について、制度化するに当たっての基本原則を立法に対して示した規定というべきであろう。

しかし、本判決は、二項の婚姻（異性婚）及び家族に関する事項のうち、「家族」だけを取り出し、これは「婚姻」ではないから、そこに、同性婚は無理だとしても、「パートナーと家族になるための法制度」は含み得るとしている。その上で、同性パートナーが真摯に愛し合い、社会的な共同体として婚姻による法的利益の多くを享受するこのような法的仕組みを何ら用意していないことは違憲状態であるとしている。

しかしながら、そのような法的仕組みを用意することが憲法上の要請であるといえるかどうかについては、この仕組みが二項の「家族」に含まれるからという説明になる。これは、いささか便宜的過ぎるのではなかろうか。

二四条一項が異性婚をいうと判示し、それは同性婚を含ませる余地をなくしてしまったことになる以上、二四条は一項のみならず二項の壁も高くなり、乗り越えることは容易ではなくなる。

要するに、同性婚は「婚姻」ではないと決めてしまえば、あとは、登録パートナーシップ制度のようなものを制度化する途しかなくなるが、それを二項で説明することができるのかという疑問である。

なお、二四条二項については、婚姻に関する事項のみならず、家族に関する事項についても立法指針を示していることを指摘している点は、後の名古屋地裁判決及び福岡地裁判決と共通する点であり、その点をどのような主張に繋げていくのか、いけるのかは、検討課題であろう。この点は後に詳述したい。

また、このような「パートナーと家族になるための法制度」が、登録パートナーシップ制度を指している場合、それが制度化されても、当事者に対する別の社会的な差別を生じさせることにならないかなどの問題がある。この点も、後に詳しく検討することにしたい。

なお、民法等の規定が違憲状態であると指摘しながら、結論は、違憲とはいえないとしている。そうであれば、国会は、速やかな改正作業をする憲法上の義務はないというのであろうか。この点も後に説明したい。

6　憲法二四条二項、一四条一項違反を認めた名古屋地裁

令和五年五月三〇日の名古屋地裁判決は、大要、次のような判断を示した。

憲法二四条一項に違反するか

憲法二四条一項は、「両性」「夫婦」という男女を表すのが通常の語義である文言を用いている。また、憲法制定当時、同性間に対し法律婚制度を及ぼすことが要請されていたとは解し難い。そうすると、一項は、同性婚を禁止しているとまでは解されないとしても、その後の社会情勢の変化を考慮しても、一義的に同性間に婚姻制度を及ぼすことを要請するに至ったとはいえないので、結局、民法等の規定が二四条一項に違反するとはいえない。

憲法二四条二項、一四条一項に違反するか

民法等の規定が、同性カップルに対して、その関係を国の制度として公証することなく、それを保護するに相応しい法的枠組みすら与えていないことは、重要な人格的利益を享受できない状態である。

二四条二項は、「婚姻」のほか「家族」についても、個人の尊厳と両性の本質的平等に立脚した立法を要請しており、登録パートナーシップ制度も用意されていない前記の状態は、**二四条二項、及び一四条一項に違反する。**

なお、民法等の規定を改廃しないことが、国家賠償法一条一項の適用上、違法とはいえないとして、賠償請求は棄却している。

再・「同性婚は「婚姻」ではない」で良いか

本判決へのコメントは、東京地裁判決に対するものとほぼ同旨である。

憲法二四条一項について、憲法制定当時もその後の社会情勢の変化があった今も、婚姻は異性婚を指し、同性婚を含まないとしている。そうすると、二項の「婚姻」も一項を前提にしているので、異性婚とその家族について規定していることになり、その家族は異性婚を核とするものなのではないのか、という疑問が残る。

なお、二四条二項については、婚姻に関する事項のみならず、家族に関する事項についても立法指針を示していることを指摘している点は、先の東京地裁判決及び後の福岡地裁判決と共通する点があり、その点をどのような主張に繋げていくのか、いけるのかは、検討課題であろう。この点は後に詳述したい。

また、登録パートナーシップ制度の採用の点についても言及があるが、この点についての問題点も、同様に、後に詳しく検討する。

7　違憲状態だが違憲ではないとした福岡地裁

令和五年六月八日の福岡地裁判決は、大要、次のような判断を示した。

憲法二四条一項に違反するか

この点の判断は、東京地裁判決及び名古屋地裁判決とほぼ同旨である。

二四条一項は、「両性」「夫婦」という男女を表すのが通常の語義である文言を用いているし、憲法制定当時も、その後の国民の意識の変化等を考慮しても、現時点では、同性婚が婚姻に含まれると解することはできない。民法等の規定が二四条一項に違反するとはいえない。

憲法一三条、一四条一項に違反するか

婚姻という制度があってはじめて婚姻の自由がある。したがって、制度がない以上、同性愛者の婚姻の自由等の人格的自律権が憲法一三条によって保障されているとはいえず、民法等の規定は一三条に違反しない。

また、民法等の規定は、憲法二四条二項に基づき異性婚の立法の要請に従って定められたものであり、民法等の規定の区別取扱いについては合理的な根拠があり、一四条一項に違反しない。

憲法二四条二項に違反するか

同性カップルの人的結合に関する事項は、二四条二項の「婚姻及び家族に関するその他の事項」に当たる。婚姻は家族の単位の一つであるにもかかわらず、同性カップルが婚姻制度を利用できないことは、これを法的に家族として承認しないことを意味するので**二四条二項に違反する状態にある**。しかし、同性カップルのための制度設計が色々考えられることなどからすれば、いまだ、民法等の規定が国会の立法裁量権の範囲を逸脱したものとはいえず、**二項に違反しない**。

再・「同性婚は「婚姻」ではない」で良いか

本判決も、二四条一項は、同性婚を含まないとしている。その上で、同性カップルの人的結合に関する事項を二項にいう「家族」ないし「家族に関するその他の事項」に当たることを前提にして立論を展開している。その点で、東京地裁判決及び名古屋地裁判決と共通する点があり、私のコメントも同じことになろう。

この立論の検証と、「同性カップルの人的結合」が登録パートナーシップ制度を念頭にしており、この問題点も、他の二つの判決と一緒に後に詳しく検討していきたい。

なお、民法等の規定が違憲状態であると指摘しながら、違憲とは言えないとする判示の問題点は、東京地裁判決へのコメントを参照されたい。

8　憲法二四条の壁を乗り越える

問題の所在

以上、同性婚問題をめぐる我が国における五つの地裁判決を、ざっと見てきた。ここで改めて確認すると、そこでは、憲法二四条が、一項では「婚姻は、両性の合意のみに基いて成立し、夫婦が同等の権利を有することを基本として……」と規定している。また、二項でも婚姻と家族制度に関し「個人の尊厳と両性の本質的平等に立脚して……」という文言を用いている。それらの点から、婚姻は異性同士の結び付きであることを規定していると解さざるを得ないとする点は共通している。そして、異性同士ではないという以外は、婚姻の実態を有している同性婚についても婚姻という制度に取り込むことは禁止してはおらず、許容しているとしている。

あるいは、性別による差別の禁止を謳う憲法一四条や、一三条、二四条二項に掲げる個人の尊厳という理念を踏まえると、同性婚を婚姻という法制度に取り込んでいない状態は憲法に反する状態、ないし違憲であるとする見解も見られた。

しかしながら、これまで論じてきたように、**憲法二四条の文言がある以上**、そのままでは婚姻は異性同士の結び付きとして捉えられており、同性婚は婚姻以外のものであると考えていたと解さざるを得ない。そうであれば、二四条を改正しない限り、同性婚を婚姻として認めることはできないと言わざるを得なくなる。要するに、二四条の婚姻についての規定が、同性婚を婚姻に取り込むことの高い壁となっており、それを乗り越えるためには、更なる憲法解釈を検討する必要があるように思われる。

また、後に詳述するが、同性婚の制度化ではなく、登録パートナーシップ制度の法制化であっても、それが、同性婚の代替の制度になるのか、別の問題が生じないのか、についてもしっかりと検討する必要があろう。

憲法二四条の文言を乗り越えるためのヒント

現行の憲法は、いうまでもなく国家の統治機構の枠組みを定め、法の支配の理念の下に、個人の尊厳を重要な理念として基本的人権の保障を謳うものである。そうすると、各条文は、法源として効力を有し、十分に尊重され遵守されるべきものであって、安易に条文を無視した価値判断的な解釈をすべきものではない。

しかしながら、憲法の条文は、性質上、抽象的な規範を示すものが多く、その解釈においては、機械的な、あるいは辞書的で一義的な文言解釈しか許されないということではないはずである。この点は、最終的には、司法によって、憲法の条文の相互の整合性ないし共生を図った解釈をする場合がある。すなわち、権利同士が衝突する場合には、一方の権利の制限を一定限度緩和する条文解釈をしたり、逆に、条文では制限を許容する文言は存在しないが、一定程度の制限が許されることを憲法解釈として示したりするなどである。要するに、憲法の趣旨に沿った価値判断的な考慮を踏まえた条文の解釈・適用が行われており、そのような例は容易に指摘することができよう。

一例を挙げると、憲法二〇条は、信教の自由、国の宗教活動の禁止を定めている条文であるが、その三項では「国及びその機関は、宗教教育その他いかなる宗教的活動もしてはならない。」と定めている。この条文の解釈・適用について、昭和五二年七月一三日最高裁大法廷判決(民集三一巻四号五三三頁)は、いわゆる津地鎮祭訴訟において、次のような判断を行っている。「(憲法二〇条三項により禁止される)宗教的活動とは、……およそ国及びその機関の活動で宗教とのかかわり合いをもつすべての行為を指すものではなく、……当該行為の目的が宗教的意義をもち、その効果が宗教に対する援助、助長、促進又は圧迫、干渉等になるような行為をいうものと解すべきである。……」としているのである。これは、国等において禁止される宗教的活動の範囲について、条文では、「いかなる宗教的活動もしてはならない。」としているので、これをそのまま適用すると、それがあまりにも広範囲に及ぶため、多くの社会的活動ができなくなるという不都合も生じかねない。そこで、禁止される範囲に一定の限界があることを条文解釈として示したものである。

また、憲法二一条一項は、「集会、結社及び言論、出版その他一切の表現の自由は、これを保障する。」と規定しており、その制限の余地を全く認めていないような条文となっている。しかし、平成四年七月一日最高裁大法廷(民集四六巻五号四三七頁)は、いわゆる成田新法訴訟において、次のような判示をしている。

「〔成田空港内の〕規制区域内において暴力主義的破壊活動者による工作物〔注：空港開設反対運動のための団結小屋をいう。〕の使用を禁止する措置を採り得るとすることは、公共の福祉による必要かつ合理的なものである……」とした。その上で、そうした措置を規定している法令について、憲法二一条一項に反するものではないと判示している。

このように、憲法の文言上禁止されている行為の範囲を狭めたり、また、憲法の文言上制限なしに認めている権利を一定限度制限するような条文の解釈・適用を行っている例をみることができる。これは、当該条文が抽象的、一般的な規制を定める文言であるため、その実際上の不都合を解消するための限定的解釈、あるいは拡張的文理解釈である。それが許されることは当然であり、またそうすべきことが求められているのであって、ことさら文理を無視したものという評価をすべきではない。

もっとも、後に述べるように、文理上、異性婚を想定した文言を同性婚も含み得る文言にいわば置き換えて解釈することについては、安易に行うべきものでないことも了解できるところである。それは、憲法が保護し、あるいは禁止している概念とその範囲について、条文とは異なる文言が置かれているように解釈するものだからである。それは、その実質は憲法の改正に近い仕業となり、解釈の範囲として許容されるかは慎重な検討が必要であろう。

ところで、欧米諸国の憲法判例や我が国の最高裁大法廷のこれまでの憲法判例の歴史においては、政治的・社会的状況の変化により適合性を失いつつあるような条文を墨守するのではなく、新しい状況と憲法の本来の理念に沿った合憲性の審査をした例は存在する。その例は、このような憲法解釈が可能であり、それを国民が司法に期待しているといった状況の場合に登場している。そのような場合、司法があくまでも文理にとらわれずに憲法解釈を行い、あるいは既存の条文を類推ないし借用して適用し事件処理を行ったのである。それが、結果的に国民全体に受け入れられ、定着して、新しい憲法秩序、社会秩序となっている、そういう例を見つけることができる。

これらは、いわば立法が行うべき憲法の条文の改正ないし修正を、司法が具体的な憲法判断に際して、法原理機関として新たな解釈を示すことによって行ったものである。このことは、歴史が証明しているところでもある。

そうであれば、文言が時代に適合しない状態になっている二四条の解釈・適用について、その文言の壁を乗り越えるヒントを、このような過去の先例等から、見出すことができるのではなかろうか。このような問題意識を基に、以下、①～⑤の五つのヒントから、手探りで解決策を探っていくことにしたい。

第三章　米国の積極的司法とその背景

アメリカ合衆国連邦最高裁判所

1　米国連邦最高裁の同性婚認容判決（ヒント①）

米国で最初の同性婚認容判決（オバーゲフェル判決）

二〇一五年六月二六日、米国連邦最高裁判所は、オバーゲフェル対ホッジス（Obergefell v. Hodges）事件において、次のような要旨の歴史的な違憲判決を言い渡している。

同性婚を禁止する州法や、他の州で同性婚を認めた法律の効力を否定する州法について、これらは合衆国憲法修正第一四条に定めるデュー・プロセス条項（個人の自由や権利を制限するためには適正な手続きによらなければならないという定め）と平等保護条項とに違反し違憲であり、同性婚は「婚姻」として認容すべきである。

前にも触れたとおり、合衆国連邦憲法では、その保護の対象となる「自由」には「婚姻の自由」も含まれることまでは規定してはいない。しかし、この判決では、「自然法[4]」の思想を基に、修正第一四条にいう「自由」には、婚姻の自由が含まれることを前提とし、そこには同性婚も含まれていると捉えたのである。そして、それを州法が不当に制限することは、適正な手続きによらない自由の制限であり、許されないという判断を示した。

この判決は、同性婚問題について、連邦最高裁の最終的な判断を示すことにより、この問題に決着を付けたものである。しかしながら、多数意見(法廷意見)が五名、少数意見が四名の僅差であり、この問題の抱える深刻さを表している。それゆえ、将来、この問題が再燃する可能性は否定できないところである。

ここでは、オバーゲフェル判決の判例法理全体の概要を紹介することはしない。その中から、本件札幌地裁判決等についての検討により明らかになった我が国での同性婚認容判決登場の障害になっている点ついて、それを乗り越える法理ないし解決策のヒントになりそうな点に絞って、紹介し、検討してみたい。

オバーゲフェル判決前の婚姻制度抗争

この点についても、本書に必要な範囲で、その概略をかいつまんで紹介したい。

米国においては、同性愛及び同性婚の問題は長年にわたり国民の間で価値観が対立するテーマであったが、二〇世紀末期以降、連邦最高裁においていくつかの判決が登場している。そのうち、同性愛の問題については、同性愛者のソドミー行為が規制の対象とされた点についての合憲性をめぐる連邦最高裁判決（例えば一九八六年のバウアーズ対ハードウィック（Bowers v. Hardwick）事件判決等）もある。しかし、ここでは、同性婚の問題に関連するものに絞って紹介することにしたい(5)。

異人種間の婚姻に関する争い（ラヴィング判決）

米国合衆国憲法には、権利章典において婚姻に関する規定はなく、それが基本的な人権であるとされたのは、一九六七年の米国連邦最高裁のラヴィング判決（ラヴィング対バージニア州（Loving v. Virginia）事件）によってである。これは、**異なる人種間の婚姻を禁止したバージニア州法**について、婚姻の選択の自由を憲法上の権利として認め、米国合衆国憲法修正第一四条のデュー・プロセス条項及び平等保護条項違反として違憲とした。

この判決では、人種による区別には「最も厳格な審査」（most rigid scrutiny）によるべきであるとした。その上で、この州法の正当化には人種差別以外に許容され得る他の目的が必要であるが、州法はこれを満たしていないとした。結論として、修正第一四条は、婚姻の選択の自由が不当な人種差別によって制限されないことを要求するとしている。

未成年者の婚姻に関する争い（**ザブロッキ判決**）

一九七八年の米国連邦最高裁のザブロッキ判決（ザブロッキ対レッダイル（Zablocki v. Redhail）事件）では、婚姻の権利を合衆国憲法修正第一四条のデュー・プロセス条項に内在する基本的なプライバシー権の一部であるとした。その上で、**未成年者は裁判所の承認を得なければ婚姻することができないとするウィスコンシン州法**を違憲としている。そして、この判決では、連邦最高裁は、ラヴィング判決以降、常に、婚姻の決定をプライバシー権によって保護される個人間の決定の一つとして分類してきたと述べている。

これらの判決は、婚姻を米国合衆国憲法修正第一四条のデュー・プロセス条項ないし平等保護条項によって保護されている権利であることを示したものである。

婚姻承認権限は州の権限か連邦の権限か（ウインザー判決）

このように、これまで米国連邦最高裁は、婚姻の権利を合衆国憲法上の基本的権利として認めたものの、それに同性婚も含めようとする意識は希薄であったとされている。ところが、一九九六年、連邦議会は、わざわざ婚姻を異性間に限定する婚姻防衛法（Defence of Marriage Act、以下「DOMA」という。）を制定し、婚姻を異性婚のみとする方針を明確にした。しかし、このことは、逆に同性婚認容を求める動きを活発化させた。そのような動きが加速する状況において、二〇一三年の米国連邦最高裁のウインザー判決（合衆国対ウインザー（United States v. Windsor）事件）では、DOMAを憲法修正第五条違反として違憲と判断した。それは、同性婚自体を全面的に憲法上保護すべき権利であるとしたというのではない。婚姻の定義と規制は、建国以来、州の独占的な権限であったとの理解の下で、州法で認める婚姻を連邦法が認めないことは差別となるか否かという観点から検討したものである。そして、婚姻を異性婚に限定したこの連邦法を州の権限との関係で違憲としたもの、と解されている。

この判決では、同性婚の許容範囲は同性婚を容認する州内に限られていることになる。同性婚を禁止している州においても同性婚は容認されるべきなのかについてまでは判断されていない。州が同性婚を認容しているか否かにかかわらず、すべての州において同性婚を容認すべきかという点については、結局、この二年後のオバーゲフェル判決を待つことになるのである。

オバーゲフェル判決登場の衝撃

オバーゲフェル事件の概要は次のとおりである。

ミシガン州等に居住する一四組の同性カップルと同性のパートナーを失った二人の男性とが、同性婚を認めていない州法は合衆国憲法修正第一四条に違反する、と主張している。

多数意見（ケネディー裁判官による美文）

当時、連邦最高裁の中でいわゆる中間派といわれていたケネディー（Anthony M. Kennedy）裁判官が起案した多数意見（法廷意見）は、一読して分かりにくい表現も多い。その骨子を多少の意訳も加えて紹介すれば、次のとおりである。

「婚姻は、孔子やキケロの言葉によって歴史的に統治の基盤（the foundation of government）とされ、男女の結合と考えられてきた。しかし、婚姻の意義は、次の世代が自由の新たな側面を見出した時に、すなわち、女性の役割と地位が変化する時代の変遷とともに移り変わるものである。

そして、合衆国憲法修正第一四条が保障する自由の内容は、憲法の権利章典や修正第一四条の起草者が物事のすべての様相における自由の範囲を知っていたとは思われないので、起草者は、我々が時代の進展と共に新たな自由の意味を知ることを期して、自由を守る憲章をどう捉えるかを将来の世代に委ねたのである。」

その上で、婚姻の権利に関する連邦最高裁の多くの判例を引用し、これらの判例は、異性間の関係を前提としていたことは否定できないが、婚姻の権利を定義する中で、婚姻の本質を見出してきたとした。そして、その婚姻の本質は、以下の「四つの原則と伝統」(principles and traditions)から成るものである、としている。

そして、ここで挙げられた「四つの原則と伝統」とは次のようなものである。

①婚姻に関する選択権は、個人の尊厳に関わる自律性に由来するもので、婚姻の本質は、二人の人間が永続的な絆を結んで共に相手の自由を理解し自律することである。

②婚姻の権利は、二人の結び付きにとってかけがえのない重要性を有するものであり、永

続的な人格的絆の要素となるものである。

③婚姻の権利は、子どもや家族にとってのセーフガードになる側面を有しており、この点から子どもを養育する権利、生殖の権利、教育の権利が引き出される（もっとも、子どもをもうけることは婚姻の条件ではないと付言している。）。

④婚姻の権利は、社会秩序の要であり、州法によって重要な地位を付与されている。

そして、婚姻の本質であるこれらの四つの原則と伝統は、まさに同性カップルにも等しく適用されるものであるとした。その上で、婚姻の権利は個人の自由に固有の基本的な権利であり、合衆国憲法修正第一四条が定めるデュー・プロセス条項により保障される自由に含まれ、また、同条の平等保護条項によって保護されるものでもあるとした。以上により、同性カップルは、婚姻に関する権利と自由を剝奪されないとしている。その上で、問題となっている州法は、異性婚と同じ条件である同性婚を婚姻から排除する限りにおいて、違憲・無効であると判断している。

ケネディー裁判官は、本書の「はじめに」で紹介したように、最後に次のような美しい文章で多数意見（法廷意見）を締めくくっており、その情緒的な表現は、インターネットで世界各国に配信され、話題を呼んだ。

「結婚ほど深遠な結び付きは存在しない。それは、愛、忠誠、献身、自己犠牲そして家族の至高の理念を体現しているのだから。同性婚を訴える申立人らの望みは、文明の最も古い制度から締め出されて、孤独の内に生きるべしという宣言をされないことである。憲法は、彼らに同性婚の権利を付与しているのだ。」

私は、当時、これを一読し、その情緒的、文学的で政治演説のような読者の心情に訴える文章が判決文の中に登場したことに違和感を抱き、驚かされた思い出がある。しかしながら、米国社会において同性婚問題は、婚姻という社会的に枢要な、そして、すべての人達が関わりを持つ法制度をめぐって、長年にわたり対立し抗争を繰り返してきた歴史的なテーマである。これを、連邦最高裁が画期的な憲法判断によって決着を付け、司法の存在意義を広く、強く知らしめたのである。そう考えると、ケネディー裁判官のこの高揚感は、私にも十分に伝わるものがあり、その意味では、また別な感慨が襲ってくるのである。

反対意見――ロバーツ最高裁長官による異例の総括

反対意見は、ロバーツ(John G. Roberts)長官ら四名の裁判官が述べている。この点も本書の「はじめに」で紹介したところであるが、ロバーツ長官の意見(Obergefell, 135 S. Ct. at 2612; Obergefell, 135 S. Ct. at 2626)の一部を紹介したい。

「選挙で選ばれていない五人の裁判官が、ちぐはぐな州法の対応が平等原則違反となっているという形式的、現象的な事態の評価として処理したのであれば格別であるが、そうではなく、同性婚をアメリカ合衆国憲法修正第一四条のデュー・プロセス条項の「自由」に包含されると格調高く謳って処理したのである。これは、憲法的価値の内容、価値判断として強すぎ、憲法が保障する「自由」の意味合いを無視し、合衆国がつくられた基本理念をゆがめるもので、司法部の本来の機能との関係で違和感がある。」

そして、最後の締めくくりの文章は、次のようなものであった。

「もしあなたが、自分の性的指向がなんであれ、同性婚支持派であるならば、本日の判決を歓迎すればよい。しかし、憲法を祝ってはならない。憲法はこれとは何も関係がない。」

ロバーツ長官のこの反対意見は、次のような考え方に基づくものであろう。

すなわち、《同性愛ないし同性婚の問題には、長年にわたり国民の間で、その価値観や宗教的信念、婚姻についての伝統的観念等を踏まえた大きな対立ないし抗争の歴史がある。それにもかかわらず、民主的基盤を持たない法原理機関である司法が乗り出し、憲法に明文のない婚姻の権利を敢えて認めて一方の価値観に軍配を上げたのである。そのようなことは、社会の混乱に拍車を掛けるおそれがあり、司法部としては控えるべきである。》。

同性婚の許否については、まさに、国民の間に大きな価値観の対立とそれに基づく抗争があり、歴史的な政治的・社会的イシューとなっていたのである。しかしながら、同性婚は、合衆国憲法に権利として明記されているものではないにもかかわらず、法原理機関としての司法がこの問題について、一方の価値観に軍配を上げて決着させたのである。この反対意見は、このことは正しい選択であるのか、を冷静にコメントするものであって、長官にとっての「司法についての観念」に基づく基本的な認識を吐露するものであろう。

オバーゲフェル判決が示唆するもの

ここでは、オバーゲフェル判決の多数意見(法廷意見)の意味を確認し、それが登場した米国における司法事情を探り、そこから我が国司法において、同性婚認容の判断を可能とする考え方（ないしヒント）を見出すことができるのかを検討したい。

「四つの原則と伝統」の呈示の意味

ケネディー裁判官は、前記のとおり、婚姻に関する米国連邦最高裁の多くの判例によれば、婚姻の本質は前記の①〜④の「四つの原則と伝統」から成るものであるとした。その上で、これらは、異性婚を前提にしてはいるが、同性カップルにも等しく存在し、見出すことができるものであるとしている。したがって、同性同士の婚姻も、憲法修正第一四条が定めるデュー・プロセス条項により保障される婚姻の自由に含まれ、平等保護条項によって保障される婚姻の権利といえると判断している。そこでは、この四つの原則と伝統は、あたかも婚姻制度の必要十分条件であり、これを満たせば法律婚になり得るような説明となっている。

しかしながら、この過去の連邦最高裁が示した「四つの原則と伝統」は、ケネディー裁判官が自認するとおり、（Ⅰ）異性婚を前提とし、（Ⅱ）制度化され一般に承認された婚姻において認められてきたものである。そうすると、**同性同士**が愛し合い、相互の自由を承認しながら永続的な人格的絆を築こうとしている場合には、四つの原則と伝統のうち①と②の原則と伝統は充足しているというのであれば、それは最初から、（I）の異性婚についてのものであるという前提が外されている。また、（II）の既に法律婚として一般的に承認されているという条件も無視して説明していることになる。さらに、家族や子どもを育む権利という③の原則と伝統も、また、社会秩序の要として公的制度による保護を受けるという④の原則と伝統も、同性婚については、いまだ異性婚のような一般的に承認された法制度になっているとまではいえない。

そうすると、ケネディー裁判官の多数意見（法廷意見）は、結局、同性婚について**これが制度化された場合には、これにも「四つの原則と伝統」を見出すことができるものになるので、**婚姻として制度化することに特段の問題が生ずることはないということをいうものであろう。そうすると、これは、結局、同性婚も法制度として認めれば、異性婚と同じ「四つの原則と伝統」を備えることになり、その点で差異はなくなるので、制度化することができる、ないし制度化すべきであるといっているだけということになろう。要するに、「四つの原則と伝統」の中身は、理想的な異性婚について表現した当たり前のことであって、ことさら「四つの原則と伝統」を法律婚成立の要件のように呈示する意味はない。結局、同性婚を制度化しても問題がないことを述べただけの政策論ないし立法政策としての提言であるということにならないであろうか。

多数意見（法廷意見）は、異性同士でも同性同士でも、お互いが真に愛し合い永続的な人格的絆を築こうとしていることさえ認められれば、それだけで憲法上の婚姻と認められる権利があると言っているに等しい。そうなると、結局、同性婚も憲法上の権利であるという結論を述べただけ、あるいは結論ありきの説明であるといえよう。

以上のように考えていくと、我が国の司法における合憲性審査においては、この判断枠組みをそのまま採用して結論を出すことは困難であろう。

オバーゲフェル判決で反対意見を述べたスカーリア裁判官は、この多数意見（法廷意見）について、「理由なんてない御託宣《ごたくせん》かおみくじの類いに成り果てた」、とまで述べている。表現はきついが、この点を踏まえたものであろう。

ちなみに、仮に、ケネディー裁判官の多数意見（法廷意見）を採った場合を考えてみると、合衆国憲法では、異性婚、同性婚のほか、複婚（polygamy）（三者婚、一夫多妻）も真に愛し合って社会生活を営んでおれば、これらも婚姻の自由に含まれることになってしまうのではなかろうか？

しかしながら、判決当時、米国では既に五〇州のうち三七州と首都ワシントンで同性婚が認められており、社会制度としての認知を得ていたという状況が存在している。同性婚を婚姻から外す捉え方は現状ともそぐわないことになる。ケネディー裁判官の前記のような説示は、理論的な問題はさておき、そのような現状を重視し、それが合衆国憲法の理念に沿うものであると考えて踏み切ったものであろう。それは、まさに、裁判官の価値判断としての憲法解釈を行ったものと考えている。

憲法の明文がなくとも、同性婚は「憲法上の権利である」

そもそも、修正第一四条のデュー・プロセス条項で保障されている自由や平等保護条項によって保護される権利については、合衆国憲法ではその内容自体は明文では規定されていない。その内容の具体化についてケネディー裁判官は、前記のように、合衆国憲法は、「時代の進展と共に新たな自由の意味を知ることを期して、自由を守る憲章をどう捉えるかを将来の世代に委ねたのである。」と解し、今日の世代において憲法の保障する婚姻の権利の中には同性婚の権利も含まれると考えていると捉えて、このように説示したのであろう。

そうであればケネディー裁判官は、憲法に明文の規定のないまま、同性婚を憲法上の権利であるとする憲法解釈を行ったということになるのである。その背景事情については、ここでは米国における法理念、すなわち成文法にとらわれない法源の捉え方の原則が存在しているからではなかろうか。つまり、米国がいわゆる「判例法国」(成文法、すなわち国会で制定された法律がない場合でも、司法が判決により一般的な規範を法理として示し、それが原則的な法源として認められている国をいう。他方、「成文法国」は成文の法令が法源とされている国であり、したがって、我が国は、成文法国である。)であり、裁判所が成文法を離れて特定の規範を判決という形で定立することが認められているのである。

それは、前述した、人為に関係なく既に自然に存在している普遍的な法の存在を認める「自然法」の思想や、いわゆるコモンロー(慣行や慣習上の一般原則で、正義と公共の福祉を踏まえたもの)の法理念があった。さらには、「衡平法(エクイティ)の原理」に支えられているものであろう。ここでいう「衡平法の原理」とは、本章の3で説明しているが、要するに、当事者の個別の救済について裁判所がその固有の裁量権に基づいて救済の可否や、その手段を決することができるというものである。

そうすると、このように判例法国である米国の法理念及びオバーゲフェル判決における憲法判断の形成の仕組みは、成文法国であり、憲法二四条がその文言から異性婚を婚姻として想定していると解される我が国の司法の状況とは大きく異なるものである。そうなると、オバーゲフェル判例法理の中で、我が国の司法においても活用できるものやヒントはあまりないのではないか、とも感じられる。

もっとも、「政治的対立の大きな問題や国民の間に多様な価値観の対立のあるようなテーマが争点となっている憲法訴訟において、司法はどう対応すべきか」という問題として捉えてみよう。それは世界的に司法のあり方と関係する究極で永遠のテーマであって、オバーゲフェル判決の多数意見(法廷意見)の登場によって改めて問題提起がされたものと考えるべきであろう。日本における同性婚問題の憲法的解決のため、以下、このような視点から、改めてこの究極の問題を検討していくことにしたい。

2 積極的司法を後押ししたもの

ケネディー裁判官が考えた司法の責務

判決当時の米国の同性婚問題の状況としては、前述のように同性婚者の数が多く、全五〇州のうち三七州と首都ワシントンで同性婚が認められていたが、他方、中東部オハイオ州などの四州では、同性婚を認めない判断が示されていた。このように、同性婚については、既に制度として認める州も多く、社会的、政治的には無視できない全国的な広がりを見せていた。そして、州によって同性婚の扱いが異なることが、結果として、同性愛者、同性婚に対する大きな社会的差別扱いを生じさせており、それが性的指向を理由とするものなので、平等原則の観点からもはや放置できない状況となっていたのである。

他方、キリスト教保守派の宗教的信念や、一般に歴史的、伝統的な捉え方によれば、婚姻は異性婚であるとする従前からの観念等を保持すべきであるとし、同性婚の制度化に対する根強い反対意見や忌避する感覚があった。連邦議会も、婚姻を異性婚に限定する前記の婚姻防衛法(DOMA)を制定した経緯があるのである。

しかしながら、前記のウインザー判決により、婚姻の定義と規制は州の独占的権限であるというのが米国の建国以来の観念であるとして、婚姻防衛法は州の権限を侵すもので違憲とされて以来、連邦議会もこの問題への対応を避けてきていたのである。

このように、同性婚問題は、賛否両論のままで社会的な大きな対立点となり、州の間でも整合的な解決がされないままとなっていた。そのため、次々と訴訟が提起され、社会的な混乱、分断が広がっており、連邦議会も立法的な解決ができないという一種の「政治的・社会的閉塞状況」が生じていたのである。

加えて、そこで問題になっているのは、個人の尊厳に関わるテーマであり、また、性別による差別として平等原則との関係でも放置できない深刻な憲法問題として皆が意識するようになっていた。そして、多数決原理が支配する立法にはもはや期待できない以上、政治的対立から離れている法原理機関である司法にその解決を期待する機運が社会全体に高まっているという状況が生じていたのではなかろうか。

ケネディー裁判官らによる多数意見(法廷意見)は、このような「政治的・社会的閉塞状況」にあって、この問題の解決を、立法ではなく司法に期待する機運が高まってきている社会全体の情勢をしっかりと読み取っていたのではなかろうか。これが、司法として大きな一歩を踏み出す決断をした要因であろう。

この多数意見（法廷意見）に対しては、通常は示されるはずの「合憲性の判断基準」すら明示してはいないという批判がある。しかしながら、同性愛、同性婚は個人の尊厳に関わる問題である。そうすると、その法理念を踏まえて、司法が、損なわれている個人の尊厳を回復すべきであり、平等原則を徹底させるべきであるという、いわば裁判官の全人格的な価値判断を示すことによって、多数意見をまとめ上げたものなのではなかろうか。

そうであれば、このオバーゲフェル判決の登場という出来事は、社会的に深い意味を有しているというべきであって、これは、我が国の同性婚問題の解決のための一つのヒントになるものと考えている。

米国における積極的司法の先例

このような状況やそれを踏まえた積極的司法の登場は、かつて、連邦最高裁のウォーレン（Earl Warren）長官が率いる裁判所が躍動していた時代（一九五三〜六九年）の政治的・社会的閉塞状況を想起させるものである。その時代は、国民の間で社会的・政治的価値観が対立している大きなテーマに関して、積極的に違憲立法審査権を行使し、憲法価値に適合する法を自ら創造し、社会をリードしていったのである。

前述のように、オバーゲフェル判決が示す判例法理、判断の枠組みは、我が国においてはそのままでは取り入れることが困難である。しかしながら、そこで示された積極的司法の姿勢と価値判断により結論を出していくこの手法は、少なくとも同性婚問題においては十分に参考になるものであろう。

そこで、次に、そのような裁判の先例ともいえるウォーレン・コート時代の積極的司法の判断手法から、解決のヒントを探っていくことにしたい。

3　米国の平等主義革命——米国最高裁のリベラリズム（ヒント②）[6]

アール・ウォーレン最高裁長官の登場

アール・ウォーレンは、出身地であるカリフォルニア州の司法長官、知事を経て、裁判官としての経験のないまま連邦最高裁長官に就任し、一九五三年から六九年まで一五年余の間、その職を務めた。そして、彼が率いるウォーレン・コートは、平等主義革命といわれるリベラルな新判例を次々と言い渡し、基本的人権の擁護者という評価を勝ち得ている。

当時、米国は、世界の中で西側陣営のリーダーとして、政治、経済、文化等の面で、未曽有の繁栄を謳歌していた。しかし、国内においては、マッカーシズムの悪夢も去り、国民の人権意識が大きく芽生えてきた時代でもあった。

この時期のウォーレン・コートにおける人権意識が表れている著名判決には、国論を二分し、価値観の対立の激しい紛争を決着させ、あるいは平等原則を徹底させ、社会を変革させたものを多数見ることができる。

ここでは、第一次・第二次ブラウン判決と定数訴訟判決（ベーカー判決）を取り上げて、その積極的司法の先例を見ていくことにしよう。

人種差別訴訟（第一次・第二次ブラウン判決）

当時、米国の南部諸州では、奴隷制が廃止され、黒人と白人との人種差別は禁止されてはいたが、選挙権を否定したり、公共交通機関や公立学校等の公共施設では、白人と黒人とを分離して扱うことが行われていた。これについては、連邦最高裁は、プレッシィー対ファーガソン事件（一八九六年）で、いわゆる「分離すれども平等」(separate but equal)の原則によって、黒人・白人分離教育であっても合憲であると判断していた。

ウォーレン・コートは、一九五四年、ブラウン(Brown v. Board of Education)事件において、「分離すれども平等」の原則を否定し、分離された教育施設は本来的に不平等である、とする中間判決（判決前の段階で、争点を整理するなどのために行うもの）をした（第一次ブラウン判決）。さらに翌一九五五年、分離教育の撤廃を「with all deliberate speed」（適切な速度で）により進めるべきであるとして、州の連邦地裁に事件を差し戻す判決をした（第二次ブラウン判決）。

この第二次ブラウン判決に対して、南部諸州はこれを公然と非難した。また、前記の「with all deliberate speed」という判示を、「できる限り慎重な速度で」と曲解し、混乱を回避するという口実で、その後も約一六年間に及んで様々な抵抗、回避措置等を試みた。その中には、黒人の白人校である高校への登校を阻止するために、州知事が軍隊を出動させるなどの事態も発生していた。

しかしながら、次第に国民の大多数がこの判決の判断を支持する状況となり、結局、連邦地方裁判所が自ら分離教育の撤廃の具体的な実施を州に命じ、この問題は決着することになったのである。

投票価値較差訴訟（定数訴訟）（ベイカー判決）

合衆国憲法第一章第二条三項では、連邦下院議員の数は、各州に人口比例で配分される旨が規定されており、連邦法によって、国勢調査の結果に基づき機械的に処理されていた。しかし、州ごとに配分された議員定数総数を州の中で再配分する方法については各州が決めるとされていた。多くの州では、長期間にわたる人口移動による調整がされないままであったため、各選挙区の議員定数に対する選挙人数の比率、すなわち、投票価値の較差（判例が作り出した用語）が大きくなり、その点で、投票価値の平等が大きく損なわれる状況も見られていた。

このような投票価値の不平等を問題とし、それが違憲であるとして選挙無効を求める訴訟がこれまでも提起されていた。しかし、連邦地裁は、定数配分・選挙区割の問題は「政治問題」（政治の場面で解決するべきテーマであり、司法審査が及ばない問題であるとする法概念）であり、あるいは、司法部としては有効な救済手段がないことなどを理由に、不適法な訴えであるとして、その請求を排斥していた。

ところが、テネシー州議会の議員定数配分規定の改正法案が、議会の圧倒的な多数派により過去六〇年にわたり否決され、一票の投票価値の最大較差が一対二五にも達していた。そこでウォーレン・コートは、一九六二年三月、この定数配分規定の憲法適合性(平等原則違反の有無)について、政治問題であるとしていた連邦地裁の判決を破棄し、合衆国憲法修正第一四条の平等保護条項が適用され司法審査の対象になる問題であるとした。その上で、改めて合憲性の審査を行うべきであるとして、事件を連邦地裁に差し戻すという画期的な判決を言い渡したのである。

これにより、投票価値の較差の是正を求める訴訟を適法なものとし、その較差についての違憲審査を司法が行うという、いわゆる「定数訴訟」が生み出されることになったのである。差戻しを受けた連邦地裁は、これを踏まえ、州議会との間で改正法案をめぐり様々な攻防があったが、結局、一九六五年一一月に、改正法が連邦最高裁で合憲とされ、決着をみたのである。

リベラルで積極的な判決が登場した頃の米国

ウォーレン・コートによる以上のような時代を画する積極的司法（司法積極主義）の判決の登場に関しては、その要因や背景事情等について、様々な分析や研究、評価が重ねられてきており、その膨大な全体像を紹介することは困難である。そこで、ここでは、本書のテーマである「同性婚問題とその憲法上の問題の解決」という観点から、ヒントになり得るものに絞って、その概略を紹介したい。

ウォーレン・コートの積極的司法の特徴

ウォーレン・コートの司法判断の特徴を一言でいえば、次のとおりである。ウォーレン・コートの姿勢は、議会や行政の行為に対する消極的なチェックを行うという伝統的な司法審査の姿勢とは異なるものである。そこでは、米国社会に存在し、その分断の要因となっている大きな不平等問題に着目し、それが激しい価値観の対立、大きな政治的対立の様相を示している状況下で、合衆国憲法の価値に従った司法判断を果断に行っていったのである。

すなわち、前記のように、米国社会において、建国以来続く最も深刻な問題としては人種差別があった。また、国民が等しく自由を謳歌し、誰もが可能性を追求できるというこの国の国民の間に浸透している自由・平等の意識（アメリカンドリーム）があった。それらが投票価値の大きな較差により次第に阻害され、それが立法行為の正統性への不信となって膨らんできているという問題があった。これらは、いずれも、社会を重苦しく覆う政治的・社会的課題として存在していたのである。

それらは前記のとおり、米国が、世界の中で西側陣営のリーダーとして、政治、経済、文化等の面で、未曽有の繁栄を謳歌していた光の中で、大きな影を落としてきていたのである。それは何としても解決しなければならない課題であったはずである。

当時の米国社会の政治的・社会的閉塞状況

ところで、人種差別問題も、議員定数配分の不平等問題も、合衆国憲法の理念上は無視できない課題であり、その解決・改革の必要性については、議会も大統領も十分に理解していたはずである。例えば、トルーマン政権は一九四六年に、公民権に関する委員会を設定し、人種差別問題に取り組む姿勢を見せていた。しかし、このように価値観が対立し、政治的な大きなイシューとなっていたことから、選挙の洗礼を受けなければならない政治部門としては、一方の価値観に軍配を上げた場合、いわば「火中の栗を拾う」ことになって、その結果、収拾のつかない分断と抗争を惹起させかねなかったのである。このように、当該テーマをめぐって政治的・社会的閉塞状況にある場合には、政治の面では、改革の必要性とそれを求める国民の思いを認識しながらも、結局、思い切った対応ができず、現状を見守り続けることしかできない状況に陥ることがある。

ウォーレン長官の慧眼

そこで、ウォーレン長官が率いるウォーレン・コートとしては、これらの課題の解決については、多数決原理が支配する立法や行政部門では対応することが不可能であると考えた。そして、その解決を、法原理機関である司法に期待するという国民全体の思考の流れが生まれていることをしっかりと読み取った上で、敢えて、解決のために積極的な司法判断に乗り出していったのではなかろうか。その判断と対応は、国民の支持を得られるはずであり、それによって、これらの課題を解決できると考えたのではなかろうか。そこには、アール・ウォーレン長官の、米国の社会や政治の動きを冷静に捉え、決断していこうとする、強い姿勢とセンスの良さが感じられるのである。

米国の衡平法（エクイティ）

米国には、イギリスから承継されてきたもので、司法は国王からの委任に基づかない固有の裁判権限を有するという「**衡平法（エクイティ）の原理**」という法理がある。ウォーレン・コートの姿勢については、詳細は避けるがそれが影響しているという指摘がある。これは、一般法としてのコモンローとは対照的な法理である。すなわち、具体的な当事者の個別の救済について、裁判所がその固有の裁量権に基づいて必要な手段を決し得る、といわれているものである。ウォーレン・コートの判決には、このような衡平法（エクイティ）の原理が背後にあるというのである。

この指摘は理解できるところである。しかし、我が国司法においては、衡平法（エクイティ）の考え方をそのまま採用できるかどうかは別にしても、個別の権利・利益の侵害の救済こそが司法にとっての基本的な機能、役割であるとする考え方が確かに存在している。そうすると、衡平法（エクイティ）や米国の判例法国としての特質等を持ち出すまでもなく、我が国司法でも、そのような考え方による処理は当然にあり得るし、これまでもその例が見られるように、私としては考えている。

いずれにしても、ウォーレン・コートのこのような姿勢については、我が国司法にとっても、当然ヒントとなり得るものである。政治的・社会的閉塞状況が見られる場合、法原理機関である我が国司法においても、憲法の理念を踏まえ問題解決に乗り出すことができるのではないかと考えている。

《コラム》

ドレッド・スコット事件

南北戦争の引き金になったといわれるドレッド・スコット事件判決について、簡単に紹介したい。

国民の間で価値観や政治的な意見が大きく対立するテーマの場合に、法原理機関としての司法がどう対応していくのかを考える際に、よく引き合いに出される先例として、ドレッド・スコット事件判決(Dred Scott Decision)がある。これは、一八五七年、米国連邦最高裁が、国内での奴隷制度の是非をめぐる深刻な対立を回避するために南北間で成立したミズーリ協定に関し、その効力を争う訴訟において、連邦の領土内では奴隷制を禁じる権限がないとして、違憲・無効と判断したものである。

奴隷制度は、米国の建国以来国論を二分する問題であった。しかし、一八二〇年に南北間で成立したミズーリ協定は、奴隷制を禁じる自由州とそれを認める奴隷州の数を同じにすることをねらったぎりぎりの妥協の産物であった。その効力が争われたものである。当時の最高裁の多数派は、南部出身の裁判官で占められており、先例に従って、ミズーリ協定の憲法適合性の判断を回避することができ、そのような処理が予想されていたのである。ところが、奴隷制度廃止論者である少数派の二人の裁判官が、ミズーリ協定が有効であることを前提とする少数意見を敢えて述べようとした。そのため多数派はそれに対抗して、自己の憲法判断に基づき、国論を二分する政治的・社会的価値観の一方に軍配を上げ、この協定を違憲・無効とする判断を明確に示したのである。これは、奴隷制を是認する見解を示すことにより、この問題に決着を付けようとしたものであろう。しかし、この判決は、かえって南北の対立に火に油を注ぐ結果となり、社会的な混乱と対立を決定的なものにし、結局、南北戦争の引き金になったといわれている。

政治的・社会的閉塞状況にある中で、一方の価値観、政治的見解をいきなり支持する内容の判決によって、この問題に決着を付けようとした司法の判断は、その見通しを誤った場合の怖さを絵に描いて見せたものといえよう。

その点で、ウォーレン長官の、社会や政治の動きを見ながら、司法が乗り出すことの是非、そのタイミング、その方法等を見極めた慧眼は称賛されるべきものである。司法にとっては、肝に銘ずべき先例ともいえよう。

4　米国の積極的司法から学ぶもの

今日の日本の問題状況とウォーレン・コート時代の状況との酷似

今日、日本では同性婚をめぐる問題について、前記のように、それをテーマとする憲法訴訟が五つの地方裁判所に提起されてきている。また、ＬＧＢＴＱ問題やそのうちの同性婚問題については、それは性的指向の違いに過ぎず、社会の多様性と受容（Diversity & Inclusion）の重要性を認識すべきであり、性的マイノリティーが被る社会的差別をなくそうとする動きがある。他方、同性婚については、婚姻は異性同士のものとして歴史的、伝統的に承認されてきた社会的制度であることから、同性婚の制度化に反対する考え方があり、両者の対立が見られる。

このように、今日においては、同性愛に対するかつての誤解は解け、それが個人の尊厳に関わる問題であるとしても、これまでの婚姻の概念を保持すべきであるとする価値観は今も根強く存在している。立法としては、この問題を納得のいく形ないし手続きで解決に乗り出すことについての躊躇や拒否の姿勢も強い。要するに、多数決原理の支配する立法としては、この課題の克服に乗り出そうとしない、あるいは、乗り出せない状況が見られるのである。

このような状況を捉えると、今日の我が国社会は、同性婚問題についての対応をめぐり、まさに、ウォーレン・コート時代のような政治的・社会的閉塞状況にあり、その結果、国民の間で、立法にではなく、法原理機関である司法にその解決を望んでいるような状況にある、といえるのではなかろうか。

過去の日本の最高裁大法廷判決の中にヒントはあるか

このような米国の先例を参考にしながら考えていくと、戦後、日本国憲法により違憲立法審査権を与えられた我が国の最高裁大法廷判決の中で、価値観の変遷等によって生じた政治的・社会的閉塞状況において、司法が乗り出していった先例が見られるのである。すなわち、そのような状況を打破し、社会の変革を後押ししたような先例、あるいは同性婚問題の解決のヒントとなるようなものが存在していたように考えている。この点をここでしっかりと検討しておく必要があろう。

そう考えていくと、私としては、時代を画する次に述べる二つの最高裁大法廷判決をこのような先例として挙げることができるのである。もしそうであれば、我が国司法は、そのような厳然とした先例、しかも成功した先例を既に有していることになろう。

詳細は次章に紹介するとおりであるが、これらの先例を具体的に検討することにより、そこに今回の同性婚問題の解決のためのヒントが見つかるのではないか、と期待しているところである。

第四章　日本の積極的司法の先例とその背景

日本の最高裁判所大法廷

1　定数訴訟（一票の較差訴訟）（ヒント③）

投票価値較差訴訟（定数訴訟）、その幕開けまで

我が国社会は、昭和三〇年代以降、人口の都市集中化により、衆議院議員選挙に関して、いわゆる中選挙区制における各選挙区に対して配分された議員定数と選挙区の人口数（有権者数）との比率の関係が大きく変動する状況が生じるようになった。すなわち、都市部では、対象選挙区に配布された議員定数に比して、人口数（有権者数）が急激に増加したため、議員定数一に対する選挙人数の割合が大きくなった。他方、地方では、人口増加は見られず、むしろほとんどの場合、人口の減少となってきたために、議員定数に対する選挙人数の割合が、逆に小さくなった。その結果、人口比例原則からみて、各選挙区間において、選挙人の一票の重みに著しい不均衡・較差が生ずる現象が見られるようになっていた。

すなわち、有権者が選挙において投票する際、選挙人の投票権は一人一票であっても、その投票の価値（議員の選挙によって政治に与える影響の度合い）は、都市部の選挙人の方が相対的に小

さくなる。そうすると、全国的に見て、都市部と地方とでは、選挙区間における選挙人の投票価値の較差（各選挙区の議員一人当たりの有権者数の開き）がかなり大きくなる状態が生じるのである。

このような投票価値における選挙区間の較差が、人口の移動等により大きくなった場合、「これが憲法の平等原則等に違反し、そのような人口比例原則と大きく乖離する結果を生じさせている議員定数配分規定が違憲・無効である。」ということを選挙の無効事由として主張する訴訟、いわゆる「定数訴訟」が提起されるようになってきた。

ところで、現行法では、選挙の効力を争ういわゆる「選挙無効訴訟」は、既に、公職選挙法二〇四条及び二〇五条一項に規定されている。このような訴訟は、「選挙の規定に違反すること」（すなわち、選挙の施行の関する手続きが違法であること）を理由とするものに限られている。ところが、この「定数訴訟」は、選挙の規定に違反することを理由にするものではない。そこでは、議員定数配分規定という法令自体が投票価値の大きな不平等を生じさせていることを理由とするものである。要するに、公職選挙法が規定している（予定している）前記の選挙無効訴訟とは、本来異なるものなのである。

このような投票価値の較差を理由とする定数訴訟については、公職選挙法が予定していない訴訟であるとか、定数配分規定が違憲・無効かどうかは立法裁量の問題であるなどとして、従前は、司法が審査する問題ではないので不適法な訴訟であり、却下されるべきものとされていた。

しかしながら、前記の説明のとおり、米国連邦最高裁において、一九六二年三月に、アール・ウォーレン長官時代のベイカー判決により、議員定数の不均衡問題は米国合衆国憲法修正第一四条の平等保護条項が適用されるので、これを理由とする定数訴訟は適法な選挙無効訴訟であり、司法審査の対象になるとする判断が示されていた。米国ではこれをきっかけに、以後は、**判例法理として**この判断が確立しているのである。

我が国において、これと同趣旨の定数訴訟が提起される状況が生じたのは、この米国の判例法理に刺激され、それに倣ったものと思われる。しかしながら、そのような訴訟類型は、米国のような「判例法国」であればいざしらず、そうではない我が国においては、成文法である公職選挙法には規定されていないし、また、そもそも議員定数の配分は立法裁量の問題であるとして、排斥されてきていたのである。

昭和五一年衆議院定数訴訟大法廷判決

昭和四七年一二月一〇日に衆議院議員選挙が行われた。当時は、選挙区間の投票価値の最大較差は、約五倍に及んでおり、これに対しても、定数訴訟が提起されていた。

そして、昭和五一年四月一四日、最高裁大法廷は、投票価値の較差が憲法の選挙権の平等の要請に適合するか、その較差の状態は当該衆議院議員選挙における無効事由になるかなどについて、次のような判断を示した(7)。

投票価値の平等は憲法上の要請であるところ、《本件選挙の各選挙区間の投票価値の最大較差が一対四・九九に及んでおり、不平等状態が大きくなっているが、憲法上要求される合理的期間内にその是正がされていないので、本定数配分規定は憲法一四条一項等に違反する。》。

なお、違憲・無効となる定数配分規定の範囲について次のように述べた上で、違憲判断を示している。

《選挙区割及び議員定数の配分は、議員総数と関連させながら、急激な社会的変化への対応等をも考慮の下で決定されるので、各選挙区での定数配分は相互に有機的に関連するため、全

体が不可分一体である。 そうすると、違憲の較差が生じている当該選挙区の定数配分だけではなく、それを含む全体の定数配分規定が違憲の瑕疵を帯びる。》として、「事情判決」(8)を言い渡した。

改めて、本大法廷判決の要点をまとめると、次の二点である。(9)

投票価値の平等の問題は裁判所が判断すべき問題である（要点1）

「選挙権は、国民の国政への参加の機会を保障する基本的権利として、議会制民主主義の根幹をなすものであり、……選挙における投票という国民の国政参加の最も基本的な場面においては、国民は原則として完全に同等視されるべく、……憲法一四条一項に定める法の下の平等は、選挙権に関しては、国民はすべて政治的価値において平等であるべきであるとする徹底した平等化を志向するものであり、……選挙人資格における差別の禁止……だけにとどまらず、選挙権の内容、すなわち各選挙人の投票の価値の平等もまた、憲法の要求するところである。」

現実に投票価値に不平等な結果が生じており、それが国会の裁量権の行使において、憲法上の選挙権の平等の要求に反するものでないかどうかについて吟味し検討すべきものである。

この説示は、国民の国政参加の権利としての投票権に着目し、その投票価値の平等の問題が憲法一四条等との関係で司法審査の対象になることを述べたものである。これは、初めての判断であり、画期的なものというべきであろう。

従前は、議員定数配分規定の憲法適合性については、立法が様々な政治的な諸要素を考慮して決めるべきものなので、立法裁量に属する問題であるとされ、原則として司法審査の対象とはならないと考えられていた。それは、議員定数の人口比例配分といっても、選挙区の線引きの仕方や人口の移動状況等をどう勘案するかなどが必要であるから、性質上、完全に機械的な配分はできない。立法における裁量に委ねざるを得ない部分があるのである。その点では、司法権が及ばない領域を示すための「統治行為論」や「政治問題」の法理(10)と似た面があることが考慮されていたのであろう。

しかし、本判決はその冒頭において、前記のとおり、議員定数配分規定の適否が司法審査の対象となることを宣言している。これは、議員定数を配分する方法が人口比例の方針でされているかどうかの問題を超えて、定数配分規定の結果、具体的に生じている選挙人の投票の価値における較差に着目している。すなわち、国民の選挙権行使の内容での平等、すなわち「投票価値の平等」を問題にするものである。その上で、それを憲法一四条一項の法の下の平等の問題として取り上げ、国民の投票の権利における合理的な区別といえるかどうかを検討すべきものとした。そうすると、この問題は、司法として違憲立法審査権の行使の対象に相応しいテーマであるということになるので、積極的に審査に踏み込んでいったのであろう。

まさに、本大法廷判決は、司法が、投票価値の平等を憲法問題として取り上げ、立法裁量にも積極的に切り込んでいったものであり、その点で、定数訴訟の幕開けを告げる司法部の決意表明となっている。

「法律に規定されていない定数訴訟」の創設（要点2）

公職選挙法二〇四条、二〇五条一項が規定する（本来の）選挙無効訴訟においては、特定の選挙を将来に向けて失効させるだけで、他の選挙の効力に影響はない。また、改めて同法に規定する選挙手続きを適法にやり直して再選挙を行うことが予定されている。しかし、「定数訴訟」では、**定数配分規定が違憲・無効とされると、改めて定数配分規定が合憲となるような法改正を国会が行わない限り、**再選挙はできないことになろう。そのため、このような訴訟は、公職選挙法上は予定されていないのではないかという疑いが生じ、前記のように、かつては不適法な訴訟とされてきた。しかしそうなると、訴訟において、議員定数配分による投票価値の較差という不平等状態を是正するための司法による憲法適合性チェックの機会は、他に存在しなくなるのである。

「およそ国民の基本的権利を侵害する国権行為に対しては、できるだけその是正、救済の途が開かれるべきであるという憲法上の要請に照して考えるときは、前記公選法の規定（公職選挙法二〇四条、二〇五条一項をいう。）が、その定める訴訟において、同法の議員定数配分規定が選挙権の平等に違反することを選挙無効の原因として主張すること（定数訴訟）を殊更に排除する趣旨であるとすることは、決して当を得た解釈ということはできない。」

本判決のこの説示は、結局、公職選挙法が規定していないことを理由に定数訴訟を排除してしまうと、平等であるべき投票価値の権利を侵害された場合に、それを是正する機会を奪うことになるのである、その権利の重要性を考えると、そのような解釈をとるべきではないとしたものである。

確かに、定数訴訟は、これまで見てきたとおり、公職選挙法が定める本来の選挙無効訴訟とは明らかに異なる点がある。そのため、この選挙無効訴訟の中に、法律で規定しているのか疑わしい「定数訴訟」も含まれていることを上手に説明をすることは苦しい点もあろう。そうではあるが、説明が全く不可能という訳ではない。仮に、正面から理論的な説明を敢えてするのであれば、次のようなものが考えられよう。

それは、《最高裁が、法律ではなく、自ら示した判例法理により、公職選挙法二〇四条等の選挙無効訴訟の規定を利用して、あるいは、準用して、もっといえば二〇四条等を借用して解釈し(これを「借用適用」という。)、いわば定数訴訟を創設して、投票価値の較差の平等原則違反を司法審査の対象としたのである。それは、憲法の趣旨に沿うものであって司法部による法令解釈として許される。》というものである。

この説明は、米国のような判例法国であれば、司法において、違憲状態の解消のために採るべき手段・方法を示し、その実行を政府機関等に命ずるような衡平法(エクイティ)の理念(三章3参照)が承認されているため、違和感なく受け入れられるところであろう。

ところが我が国は判例法国ではない。しかしながら、米国とは異なる点として、憲法八一条で、明文によって司法による法令等に対する違憲立法審査権が認められており、最終的な法令の合憲性をチェックする権能が与えられているのである。この点は、周知のように、米国での司法の違憲立法審査権は、合衆国憲法において明文では規定されてはいない。それは、有名な一八〇三年のマーベリー対マディソン事件において、連邦最高裁が自ら判示した判例法理により認められた、というより自ら創設したものなのである。その違いは大きいと考えている。そして、前記のとおり、本最高裁大法廷判決の説示では、「およそ国民の基本的権利を侵害する国権行為に対しては、できるだけその是正、救済の途が開かれるべきであるという憲法上の要請に照して考えるときは、……」として、違憲立法審査権を行使したものである。この説示の意味は次のようなものであろう。《最高裁大法廷としては、どのような法令解釈、法令の違憲審査ができるかの問題は、結局、憲法八一条が定める違憲立法審査権の行使の内容そのものであるから、司法自らが決定していくべきものである！》として、その姿勢を宣明したものというべきであろう。

以上のとおり、この判決は、我が国の司法部による違憲立法審査権の行使の歴史の中で、まさに国会の立法裁量に対して司法が方向性を示し、立法措置を促すというものであって、画期的なものであると考えている。

しかしながら、冷静に考えると、従前はなかったそのような違憲立法審査権の行使が本件において初めて積極的にされたのは、どのような要因によるのか、その真意は何なのか、さらにはその背景事情は何であったのか、そして、同性婚問題についても利用可能なものなのか、これらは、しっかりと検討すべき重要なテーマであろう。

次に、本大法廷判決が出現した背景事情について、私なりの見方を紹介していきたい。

昭和四〇年以降の一億総中流意識

本大法廷判決の裁判長を務めた村上朝一最高裁長官の在任期間は、昭和四八年五月二一日から同五一年五月二四日までであり、いわゆる昭和後期に当たる時代である。この時代については、最高裁事務総局が編集した『裁判所百年史』二九一頁以下では、裁判所から見た「時代の概観」なるものが記載されている。その内容を私なりに捉えてその概略を紹介したい。

昭和三〇年代から始まった我が国の高度経済成長は、昭和四〇年代に入っても続き、昭和四三年には、国民総生産が自由主義世界で第二位となった。他方四大公害訴訟の提起等に象徴される公害問題が発生し、モータリゼーションの進化により交通事故が激増し、昭和四五年にはその死傷者が一〇〇万人近くに至り、高度成長の負の面が目立つようになった。また、物価の上昇、人口の過疎・過密等の社会問題も生じてきた。

昭和四〇年代には、大学紛争、過激派集団の街頭闘争が頻発し、マスコミに大きく取り上げられ、社会問題化してきた。国外の関係では、四〇年代には、日韓国交正常化や日中国交正常化、沖縄返還が実現した。

さらに、一九七三年(昭和四八年)に勃発した第四次中東戦争に伴うオイルショックは、我が国においても狂乱物価等の影響をもたらし、政治的には、ロッキード事件が表面化していった。このように世界経済が激動し、国際社会が多元化する中で、我が国の国際的地位は向上し、また、国内的には、国民の多くが中流意識を持つようになってきていた。要するに、基本的には安定しつつも、国際化、高齢化、成熟化という流れの中で、国民の価値観が多様化していく状況がみられるようになったのである。

私は、当時の我が国社会を支配していた時代の空気は、次のようなものであったのではないか、と考えている。

すなわち、この時期、我が国は高度経済成長の最中にあり、国民所得の向上等もあって、多くの国民は、いわゆる一億総中流意識の下で経済的に比較的安定した生活を送れるようになってきていた。他方、高度経済成長の負の面、例えば、公害、交通事故が増大し、また、大都市への人口の集中化が顕著になって都市部と地方との格差が広がり、さらに、政治の腐敗が深刻化してきていた。それらと並行して、現行秩序にNO!を突き付ける学生や過激派の集団的な行動が目立ち始めた。これらからは、我が国において、社会、経済、政治の将来に対する漠然たる不安に見舞われるようになってきたこと、そして未来への展望や人生に対する希望、将来についての明確なビジョンを持つことができない「あがき」のような心情が蔓延していたことが推測されるのである。現状を根本から否定することは避けるが、かといって、未来への展望がないまま、社会悪、近代化の弊害のようなものが積み重なり、身動きがとれない無力感のようなものが人々の心の中に住み着いていたように感じられる。

これを一言で言えば、成熟した社会の到来により人々の価値観が多様化してきたが、他方、未来への展望が開けないまま漂うしかないという閉塞感と焦燥感とに包まれた時代であったといえそうである。

「五五年体制」の確立と政治的閉塞感

当時の我が国の政治体制は、昭和三〇年（一九五五年）に、日本社会党は左派と右派とが再統一され、それに対抗する形で、日本民主党と日本自由党とが保守合同して自由民主党が結成された。それにより保守・革新の二大政党が激しく対立するという政治体制、いわゆる五五年体制が確立した時代であった。この二大政党体制は、その後、平成五年の細川護熙《もりひろ》内閣の誕生まで三八年間にわたって続いた。

五五年体制下では、自民党が終始多数派となって政権を担う状態が続き、保革の対立は、最終的には常に保守である与党が勝利を収める形で法案の成立等をみた。そのため、両者の政治的対立は、国会内ばかりではなく、街頭での集団行動や法廷闘争など、様々な場、様々な形で展開されるような状況が展望のないまま続いた。その結果、政治の面でも閉塞感に見舞われることとなっていたのである。

投票価値較差是正に対する司法への期待

このように、当時の国民の意識、時代を支配する観念ないし雰囲気等がどうであったのかを、簡単に素描してみた。次に、ここで、投票価値の平等を憲法上の要求であると評価して立法裁量に直接切り込んでいった昭和五一年衆議院定数訴訟大法廷判決が、なぜ生まれたのかについて、当時の時代状況と司法部への期待という私なりの理解・視点から、推論を述べることを許していただきたい。

まず、国民各自の個人的領域では、当時の時代を支配する国民の意識としては、経済的な面が安定し、一億総中流意識が生まれ、それが人々の平等意識として広がる中で、様々な面で自らの価値観や自我の主張も見られるようになってきていた。そして、各人が、このような平等意識の裏返しとして、他との比較でいわれのない不平等な状態に置かれていることに対する敏感な反応が生まれ、それを不満に感ずる傾向が強くなってきていたように感じられる。

他方、公の面ともいうべき政治の領域に目を転ずると、当時のいわゆる五五年体制は、前記のような閉塞状況に見舞われていた時代であった。そこでは、現状の固定した体制、政治状況、社会の仕組み等をそのまま続けることの意味を改めて問い直そうとする問題意識が国民の間で生じてきていた。そして、それが次第に大きくなってくると、現状を打破する方向、手法への関心が高まってきたのである。そのことが、多数決原理の支配しない法原理機関としての司法の立法に対する理念的な問題提起を許容し、あるいはそれに期待する時代情勢が生まれてきていたとはいえないであろうか。

司法が見ていた近未来

以上のように、本大法廷判決当時の時代情勢においては、政治体制や法制度の採用の場面等で、多数を占める政府及び与党の各種の政治行動や施策が、国民の意思を正しく反映しているのかを問う声も聞かれるようになった。社会や政治を規律する各種政策、立法に対し、それらが真に国民の多くの支持を得られているのか、政府の政治行動が国民の利益に繋がる方向で動いているのかを問題とする傾向が生まれたのである。そのため、これらの施策や政府の行動に対し、**その正統性の有無**が強く意識されるようになってきていたように考える。

そして、そのような流れの中で、自己の意見を政治に直接反映させるための選挙制度ないし選挙権が重要な位置付けを獲得し、関心が注がれるようになった。

具体的には、選挙区における国会議員の定数配分が、人口に比べて都市部よりも地方に相対的に多く配分される状態が存置されてきた。それが極端な状態に及んできており、定数配分において人口比例によるよりも多い地方(過疎地等が多い)での支持が厚い政党が、結果的により多くの議席を獲得している点を問題視する動きも見られるようになってきていた。そして、選挙に際し、議員定数配分の不均衡が大きいということは、投票価値の不平等を生じさせ、自分たちの投票の国政への影響が、ゆがんだ形で及ぶこととなっているのではないかという疑問ないし関心を増大させたのではなかろうか。まさに、本件定数訴訟は、そのように、国民が、投票価値の平等の実現に強い関心を持ち、それが限界近くまで及んだ時代情勢の中で提起されたものなのである。

本大法廷判決の本質は、国会議員選挙における憲法の平等原則違反を正すことであり、これは司法に相応しいテーマである。そして、本大法廷判決は、このような時代の閉塞感を打破し不平等状態を改善する役割については、一定の認識を有するようになったのであろう。それは、多数決原理を基に現状の体制を保持してきた政治部門ではなく、これとは異なる法原理機関としての司法に委ねるべきであるという考えが国民全体に醸成されてきていることを見定めたのではなかろうか。要するに、立法では根源的な解決策(定数較差の大幅な縮小となる定数配分規定の改正)が望めそうにないという当時の政治状況を見極めていたのであろう。本大法廷判決としては、定数配分規定の改正は、立法分野では、個々の議員の主観的な利害状況が錯綜するため、自ら対応しにくいテーマであるので、司法が乗り出すことも止むなしとするであろうと判断していた。そして、司法としても、そうしたならば国民が司法部の判断を受け入れることになるであろう、という情勢判断もしていたのではなかろうか。

本大法廷判決は、以上のような見極め、情勢判断等を基に、このテーマにおける立法裁量に切り込んだ判断を示したものと考える。それはまさに、司法として、冷静な情勢分析と司法の使命を基にした果断な決断を行ったものと評価している。

このような司法の対応は、私が、「司法部の立ち位置」という言葉で従前から紹介してきた出来事の一つである(11)。

定数訴訟のその後の展開、立法とのキャッチボール

本大法廷判決によって定数訴訟がいわば創設されたが、それ以降も、選挙制度が小選挙区制に変わった後も、周知のように、定数訴訟については、衆議院議員選挙及び参議院議員選挙が行われるたびに、提起される状態が続いている。詳細は避けるが、これまで多くの最高裁判例

が積み上げられ今日に至っている。

ところで、前例のないこの司法部の判断に対し、立法や政府としては、当初は、驚きがあったことが推測される。例えば、昭和六一年一月、当時の中曽根康弘総理が、伊勢神宮参拝の折の記者会見で、次のような発言をして、マスコミに取り上げられた。それは、最高裁のいうような定数の是正ができなければ、選挙ができなくなって、総理の衆議院の解散権が事実上制約される、という点が念頭にあったのかとも思われるが、「司法のオーバーランはないか」と述べているのである。

すなわち、昭和五八年一二月一八日に実施された衆議院議員選挙を対象とする定数訴訟において、選挙当時の投票価値の最大較差が四・四〇倍に及んでいた。これに対して、昭和六〇年七月一七日の最高裁大法廷判決は、違憲(事情判決)の判断を示した。このことを念頭に置いたものかと推察される。

しかしながら、中曽根総理は、結局、昭和六一年、大法廷判決の趣旨に沿った較差是正のために議員定数を八増七減として選挙区での定数配分規定の改正を行い、その上で衆参同日選挙を行っている。これは、司法の投票価値の最大較差等に対して行った憲法判断について、いわば司法が立法に対して投げたボールを受け止め、その上で立法として検討し対応した上でそのボールを投げ返してきているようなものである。そのような緊張感のあるキャッチボールは、その後も今日まで続いているのである。

昭和五一年大法廷判決が見込んだとおり、定数訴訟において投票価値の較差の是正を立法に迫る司法の判例法理は、立法及び政府によって受け入れられることとなったものと考えている。

日本の閉塞状況と司法の責務の自覚

以上をまとめると、本件大法廷判決の意義は、次のとおりである。

①衆議院議員選挙において選挙区間における投票価値に大きな較差が生じており、その結果、選挙人が行使する一票が衆議院議員の選出や、当選議員による立法行動の結果に実質的な影響を及ぼしていること、②そのような状態は、憲法上の平等原則に反するものであって、制定された法令等の正統性にも疑義が生じかねないこと、そして、③そのことを理由に、有権者が自己の価値観が政治にしっかりと反映されないという不満、不平等扱いへの反発が生じているが、立法においては、この問題の解消を積極的に行おうとしない、あるいは行えないまま推移して

きていること、などであると思われる。

さらに、その上で、④このような当時の我が国の政治的・社会的閉塞状況において、投票価値の較差の解消は憲法上の要請であるから、この課題の克服を多数決原理が支配する立法ではなく、法原理機関としての司法に期待するような状況となっていた。そのことをしっかりと認識して、本大法廷判決の多数意見(法廷意見)が乗り出していったということがうかがえるのである。

大胆な法解釈の手法

そして、我が国司法としては、憲法上の平等原則に違反する状態を解消するという司法の基本的な役割・権能を果たすために、公職選挙法二〇四条、二〇五条一項の規定について、次のような解釈・適用を行ったのである。

すなわち、条文の文言の機械的な解釈・適用ではなく、憲法の理念・趣旨を踏まえた条文解釈を行っている。それは、二〇四条等そのものの適用というよりも、いわば、それらを準用ないし借用適用し、当該条文を根拠として定数訴訟を創設したのである。それによって、定数配分規定の違憲状態を解消させることに成功したということになろう。

このように条文の柔軟な解釈・適用により、憲法の趣旨に沿った投票価値の較差の是正を立法に命じた本大法廷判決の処理は、後述のとおり、同性婚問題の大きな壁となっている憲法二四条一項、二項の解釈・適用において、壁を乗り越えるための大きなヒントとなるのではないだろうか。

2　嫡出でない子法定相続分訴訟（ヒント④）

大法廷決定が採用した合憲性審査の方法
本件は、平成一三年七月に死亡した被相続人の遺産分割の審判に係る特別抗告事件である。当時、民法九〇〇条四号ただし書前段は、嫡出でない子の法定相続分を嫡出子の相続分の二分の一と規定（本件規定）していたため、この区別が憲法一四条一項に違反するかが争われたものである。
従前、最高裁は、憲法一四条の平等原則に反するか否かの合憲性の審査基準としては、（Ⅰ）

当該規定の立法目的に正当性・合理性があるかどうか、及び（Ⅱ）当該規定について、その立法目的との間に、目的実現の手段として合理的関連性があるかどうか、という二つの観点からの審査、いわゆる「合理的関連性のテスト」を用いて処理すべきものとしていた。

しかしながら、合理的関連性のテストについては、次のような問題があるのである。すなわち、国会の立法作用には広い裁量を承認せざるを得ない。そうすると、立法目的が不合理であるとか、立法目的と手段との間に合理的関連性がないとされるケースは、実際上、それほど多くはならないといえよう。本件では、本大法廷決定（最大決平成二五年九月四日・民集六七巻六号一三二〇頁）は、このテストを用いず、端的に、従前から用いられている基本的な判断基準、すなわち「本件区別に合理的根拠があるか」という基準を用いてこの区別を違憲と判断した。

ところで、この基本的な判断基準である「区別の合理性」に関わる要素・事柄は、性質上多種多様である。本大法廷決定は、この「区別の合理性」を損なうことに繋がる要素・事柄を、次のように多数列挙した上で区別の合理性の有無の判断を行っている。

i　昭和二二年民法改正から平成期までの間に、婚姻、家族の形態が著しく多様化し、これに伴い、その在り方に対する国民の意識の多様化が大きく進んだ。

ⅱ　欧米諸国において、近年は、相続に関する子の差別を廃止する立法がされてきている。この法定相続分の区別を合憲としていた直近の大法廷決定である平成七年七月五日最高裁大法廷決定時点で、世界の主要各国のうち、この区別が残されていたドイツやフランスでもその後この区別が撤廃された。その結果、現在では、子の相続分に区別を設けている国は、欧米諸国にはもはや存在しない状況にある。

ⅲ　我が国が批准した国際人権Ｂ規約や「児童の権利に関する条約」にも、児童が出生によっていかなる差別も受けない旨の規定が設けられた。国連の自由権規約委員会等がこれらの条約の履行状況等について具体的な指摘や勧告等を我が国に対し行ってきている。

ⅳ　住民票の記載について、世帯主の子は、嫡出子か嫡出でない子かを区別することなく、一律「子」と記載するなど、区別をなくす取扱いが制度化されている。

ⅴ　これまでの最高裁判例において、この区別に関する平等原則上の問題点がたび重ねて指摘されていた。

このように、本大法廷決定は、これらの本件規定の合理性に関する要素・事柄の変遷等は、その中のいずれか一つを捉えて、本件区別を不合理とすべき決定的な理由とし得るものではないとした。その上で、次のような締めくくりをして本件規定は憲法一四条に違反していると結論付けたのである。

「〔これらの諸要素を総合的に考察すれば〕家族という共同体の中における個人の尊重がより明確に認識されてきたことは明らかである……父母が婚姻関係になかったという、子にとっては自ら選択ないし修正する余地のない事柄を理由としてその子に不利益を及ぼすことは許されず、子を個人として尊重し、その権利を保障すべきであるという考えが確立されてきている……。」

以下では、本大法廷決定の考慮要素をみていくこととする。

民法で定めた相続分の区別と個人の尊厳

この締めくくりの趣旨は、結局、次のようなものであろう。

民法は我が国の身分関係・社会関係を規律する基本法である。そこにおいて、嫡出でない子につき、その法定相続分が嫡出子の二分の一と規定されていることにより、嫡出子よりも劣った存在であるとみなされるおそれがある。ところで、今や、家族という共同体の中における個人の尊厳を重視することは、各国の法制の歴史や国民の意識等の個別の事情を超えて、欧米諸国や日本を含む世界に共通する普遍的な人権理念となっている。それが明確に意識されてきたため、本件区別は「個人の尊厳」を損なうものとしてもはや許されないものとされている。このことを述べようとしたものであろう。

そして、このような判断の根拠となっているのは、前記ⅰ～ⅴの諸要素すべてではあるが、取り分け、ⅱの欧米主要国の中で、宗教上の理由等の歴史的経緯から嫡出でない子の相続分の区別を最後まで残存させてきたドイツとフランスに対して、欧州人権裁判所（ＥＣＨＲ）が欧州人権条約違反の判決を出したため、それに従ってその区別を撤廃したという歴史的な事実と、ⅲの児童が出生によりいかなる差別も受けない旨を直截に規定した国際人権条項が広く世界各国に受け入れられ、我が国が具体的な指摘や履行勧告をされているという点が大きかったと思われる。これらは、いずれも、「個人の尊厳」の理念の重要性と普遍性を際立たせるものだからである。

なお、ここでいう欧州人権裁判所の判決は、フランスの相続法制において子の間の差別を残存させていた制度について、差別を禁止する欧州人権条約の一四条違反であるとした判決（原告の名前を取って「マズレク（Mazurek）判決」と呼ばれる。）である。私も、本大法廷決定の際に重要な判断要素としてこの判決を検討している。そして余談になるが、本大法廷決定の言渡しが行われた二か月後に、たまたま私は最高裁で、欧州人権裁判所のコスタ(Jean-Paul Costa)元長官の表敬訪問を受けた。私が、本大法廷決定の際に、コスタ元長官が在職中に言い渡した前記マズレク判決を詳細に検討し、参考にした旨を伝えると、元長官は大変に喜ばれ、フランス語で書かれた御自身の著書『自由を守る裁判官達(*Des juges pour la liberté*)』をくださったのである。これは、欧州人権裁判所と我が国最高裁との国際人権法を契機とするささやかな交流のエピソードである。

また、我が国の憲法一三条がすべての国民は個人として尊重されるとして「個人の尊厳」を基本原理として示している。これらは、いずれも、個人の尊厳を損なう制度に対する厳しい姿勢を求めるものであり、本大法廷決定を支える基本的な価値観となっていると考える。

法律婚尊重の目的と、相続分区別という方法との比例関係

以上のような点を踏まえると、本大法廷決定は、「法律婚の保護」という理念と「個人の尊厳」という理念とを抽象的に対峙させて、後者が優越するとして軍配を上げたのではない。法

律婚の保護という立法目的の趣旨も認めた上で、そこでの手段（嫡出子でない子の相続分を二分の一とすること）の内容が、この目的実現に相応しいものといえるかどうか（マズレク判決の表現を用いると、「合理的な比例関係」(reasonable relationship of proportionality)を認めることができるのか）という観点から比較衡量したものと理解している。それは、二つの理念それ自体の優劣の比較ではない。個人の尊厳という理念が、我が国社会の各分野に広がり、国民的な認知を獲得している。その結果、相続分区別における法律婚の保護の立法目的は理解できても、そのために相続分の区別取扱いが、他方の理念（個人の尊厳という普遍的な理念）とは全くそぐわない状態になってきているということを、五つの考慮要素を挙げて示したものといえよう。

法律婚尊重の価値

次に、本大法廷決定から得られるヒントをいくつか確認していきたい。

この相続分区別の評価については、そもそも法律婚を尊重し保護しようとする観念が大きく影響している点を改めて確認しておこう。すなわち、嫡出でない子の出生数は年々増加傾向にあるとはいえ、裁判の前年の平成二三年でも二万三〇〇〇人余で、全出生数の約二・二％である。また、婚姻届を提出するかどうかの判断は第一子の妊娠と深く結び付いているといわれている。これらからすると、一般に、嫡出でない子となることを避けようとする傾向が見られる。これは、要するに、法律婚の尊重の観念によるものであって、今日の我が国社会では、それは、いまだ強固なものがあると思われる。そして、嫡出でない子の相続分を嫡出子の相続分の二分の一とする本件規定については、その目的が法律婚の尊重の観念が基にあるため、必ずしも否定的見解ないし嫌悪感が支配しているとまではいえない。

この点は、後に改めて説明を行うが、本件でも書証として提出されていたもので、平成二四年一二月に内閣府が行った「家族の法制に関する世論調査」によれば、嫡出でない子の法定相続分を嫡出子と同じにすべきであるとする考えを持つ人の割合は、二五・八％にとどまり、他方、本件規定の区別を是認するという意見、すなわち、この制度を変えない方がよいとする意見が三五・六％となっている。いまだ現状維持が相対的に多数となっていたのである。

そして、本大法廷決定よりも一八年も前に出された平成七年の大法廷決定と、それ以降に、公刊物に登載された五件の最高裁小法廷判決・決定の全部で、常に違憲の反対意見が付されてはいたが、本件規定による区別の合憲性は、法律婚の尊重・保護という視点からみて、ギリギりではあるが、肯定する判断となっていたのである。

区別される側からの視点

他方、本件区別の合理性は、区別する理由・目的もさることながら、区別される者の視点、すなわち嫡出でない子の視点からの検討・評価が欠かせないところであろう。ところで、本件区別取扱いは、婚姻、親子、相続等を規律するいわゆる家族法の中の規律の一部であり、また、国民の様々な社会の在り方を定める最も重要な法律である民法典の中に置かれているのである。その点で、我が国の社会的身分秩序の枢要な一部を構成するものとなっている。

もっとも、嫡出でない子の法定相続分に不利な差を設けることは、それ自体、嫡出でない子について、存在そのものを劣位のものと位置付けたり、人格ないし存在自体を非難・中傷することを直接の目的にするものではない。しかしながら、結果的には、嫡出子との対比により、嫡出でない子に対する社会的な差別の観念を生じさせる一因となるものであろう。また、嫡出でない子自身の立場から見れば、出生という自己がどうすることもできない理由で国民一般の差別感情の対象とされることになり得るのである。その点で、自己の個人としての尊厳を傷つけられていると感じさせられるのである。これらの点は、本大法廷決定の法廷意見(反対意見がないので、多数意見、少数意見とは表記せず、全裁判官の意見という趣旨で、法廷意見と表記している。)でも指摘されている。

個人の尊厳の宣明に応じたフランスの動き

そして、「国際人権規約」の前文や、本大法廷決定の法廷意見が指摘する「市民的及び政治的権利に関する国際規約」(国際人権B規約)及び「児童の権利に関する条約」においてはもとより、我が国の憲法においても、すべての国民は個人として尊重されるとし(一三条)、個人の尊厳の原理を宣明しているのである。そうすると、本件規定が嫡出でない子に対する差別の観念を生じさせている点については、この原理に背馳するものとして、その許容性については厳格な検討が必要とされるところである。

ところで、個人の尊厳の尊重はいうまでもなく各国の個別の事情によって左右されるべきものではなく、普遍的な原理である。そうすると、出生を理由とする差別が個人の尊厳を毀損するかについては、欧米諸国の実情も参考になるはずである。そこで、先に紹介したフランスでの事例について、改めて、概略を紹介しておきたい。

フランスにおいては、従前、旧相続法において、子の間の平等原則の例外として、嫡出でない子に対する不利益扱いを認めていた。ところが、この扱いについて、前記のとおり、二〇〇〇年（平成一二年）二月一日、欧州人権裁判所が、法律婚に基づく家族の保護という立法目的自体は正当であるとしながら、欧州人権条約一四条等の違反を根拠にして用いられた手段が、この目的との間に「合理的な比例関係」(reasonable relationship of proportionality)を欠くとした判決（マズレク(Mazurek)判決）を言い渡した。そのため、フランスでは、二〇〇一年（平成一三年）一二月三日、判決に従って、子の間の平等原則を徹底させる立法措置を行った。

このように、マズレク判決は、出生を理由とする差別的扱いの評価において、それにより得られるものと損なわれるものとを見比べた際に、不平等扱いをされる子の被る不利益が大きすぎるという、差別される者の視点を重視した判断をしたものと理解している。そこでは、出生に基づく差別につき例外のない否定的態度、すなわち個人の尊厳の不可侵性を宣言しているのである。

この判断については、欧州人権条約に加盟していない我が国であっても、嫡出でない子について出生を理由とする差別が、個人の尊厳を損なうことの重大性を考慮する際の判断指標として大いに参考となるものである。

本大法廷決定の判断枠組み

本大法廷決定は、前記のとおり、本件規定の合理性に関する種々の事柄の変遷等を総合考慮した上で、区別する合理的根拠を欠くとしたものである。それは結局のところ、嫡出でない子の出生を理由とする区別が個人の尊厳を損なうことになる点を深刻に受け止めたことによるものである。

先に述べたように、民法の嫡出でない子の相続分の区別は、法律婚の尊重・保護という目的のためのものである。しかしながら、そのための方法としての相続分の区別は、嫡出でない子の尊厳を損ない、大きな憲法的な価値の損失を招くものであることが一般に認識されるに至っているのである。これらを比較衡量的な観点からみると、相続分の区別により失われる憲法的利益があまりにも大きくなり、法律婚保護の目的との間で、（マズレク判決のいう）**合理的な比例**

関係が失われるに至り、もはや、手段として相当とはいえなくなったのである。

この判断枠組みは、従前のように、立法目的と手段との間の「合理的関連性のテスト」と同じではなく、似て非なるものである。それは、区別する手段・方法の内容を区別される側の視点を基に評価し、それらを踏まえて、立法目的との間で合理性を是認できるのかを検討したものと捉えることができる。これは、マズレク判決の判例法理の基にある考え方とかなり似たものといえよう。

本大法廷決定が、従前の合理的関連性のテストを敢えて採用せず、諸要素の総合考慮により判断するという判断方法を明示したのには、結局、次のような意図がうかがえる。すなわち、今回採用した立法目的とそのための手段の内容とを総合考慮して合理性を考える、つまり、手段において目的との関係で合理的な比例関係が失われるなど、手段として相当性を欠いていないのかを考えるという手法が、従前の「合理的関連性のテスト」と似た表現となるため、同じものと誤解されないようにした。要するに、諸要素の総合考慮という形で、区別される側からの視点を踏まえ、個人の尊厳に沿う要素を十分に考慮した形の判断枠組みを採用したことを示したかったのだ、と読むべきであろう。

国民の意識をどう捉え、評価すべきか

国民の意識をどう捉え、評価すべきかについては、次のように考えられる。

内閣府が行った「家族の法制に関する世論調査」によれば、その図24において、法定相続分に着目した質問に対する回答は次のとおりである。嫡出でない子の相続分につき、現在の制度を変えない方がよいという考えの者が三五・六％を占めており、同じにすべきだ(制度を変えるべきだ)とする者が二五・八％にとどまっている。また、法廷意見にあるとおり、平成二三年でも、嫡出でない子の出生数は増加傾向にあるとはいえ、いまだ約二・二％にすぎず、婚姻届を提出するかどうかの判断が第一子の妊娠と深く結び付いているとみられる(いわゆる「授かり婚」「できちゃった婚」)。これによれば、我が国において、依然として法律婚を尊重する意識は幅広く浸透していることがうかがわれる。

ところが、法定相続分の区別という特定のテーマではなく、前記の内閣府の世論調査の図23において「嫡出でない子の法律上の取扱い」という一般的なテーマの形にして聞いてみたところ、次のようになった。すなわち、「配偶者以外の異性との間に生まれた子どもであっても、

生まれてきた子どもに責任はないのだから、そのことだけで子どもについて不利益な取扱いをしてはならない」という考え(平等に扱うべきであるという考え)をとった者の割合は、六〇・八％である。他方、「正式な婚姻をした夫婦が配偶者以外の異性との間に子どもをもうけることはよくないことをはっきりさせて正式な婚姻を保護すべきであり、そのためには、配偶者以外の異性との間に生まれてくる子どもについて、ある面において不利益な取扱いをすることがあってもやむを得ない」とする考えをとった者の割合は一五・四％にとどまっている。

この図24と図23の各アンケート結果は、一見すると相矛盾する国民の意識があることを示しているように思われる。しかし、図23は、法律婚の尊重に関わる相続分という特定のテーマを離れて「嫡出でない子の法律上の取扱い」についての意見をたずねる質問の結果は、嫡出でない子の視点に立って、その「個人としての尊厳」に着目し、不利益な取扱いをしてはならないとする意識が圧倒的な多数となっていると見るべきである。これは、国民全体としての個人の尊厳を重んじ、出生によって異なる扱いをすることには反対する意識が表れている状況を示しているのである。このことは、国民の意識について、それをどう認識し、評価するかは、十分な注意が必要であることを示しているといえよう。

私としては、法律婚の保護・尊重という国民から広く支持されている観念があったとしても、法定相続分で区別することについては、その「方法」が子の視点から見ると個人としての尊厳を損なうものである、と考える。そうである以上、合理性を欠く不相当なものであると国民の多くが考えていたということが明らかに見て取れるのではなかろうか。

国民の意識についての、国会と政府における対応

本大法廷決定以前において、嫡出でない子の法定相続分区別を解消することについての国会と政府における対応には、様々な経緯が存在していた。その内容を、ごく簡単に項目だけを示すと、次のとおりである。

①昭和五〇年から平成八年までの法制審議会民法部会での嫡出でない子の法定相続分の改正作業は、中間報告や試案の公表にとどまり、具体的な進展はなかった。
②政府も平成二二年一月まで改正法案の提出には至っていない。
③国会も改正のための具体的な動きはないままであった。

④各種の国際人権条約より設置された委員会からの嫡出でない子の相続分差別の懸念、撤廃の勧告に対し、政府は、条約違反はないという姿勢を堅持し続けているなど。

我が国の国会と政府は、前記のとおり、嫡出でない子の相続分の区別が個人の尊厳を損なう差別であることを認識はしていたと思われる。他方、法律婚の保護・尊重という国民から広く、根強く支持されている観念が存在しているため、この問題の解決に乗り出そうとしない、あるいは乗り出すことができなかった。その点で政治的・社会的閉塞状況にあったといえよう。そのため、国民の声が、多数決原理の支配する国会、政府ではなく、司法へと向けられてきていた。法原理機関である司法が、このような諸状況をしっかりと見据えた上で、それに応える形で本大法廷決定を言い渡したものと考えている。

司法による同性婚問題の解決のヒント

これまで見てきたように、時代の変遷の過程で生じてきた様々な政治的・社会的なテーマにおける新しい価値観の登場により、様々な新たな政治的問題や社会的問題が生じてきていた。すなわち、同性婚問題、人種差別問題、国政参加をめぐる平等扱いへの問題についての意識の高揚と不満、さらには、個人の尊厳に関わる差別される側からの問題提起等々である。他方、それに対抗する形で、既存の価値観を踏まえた歴史的、伝統的・宗教的観点等から、従前からの社会制度を擁護する強い姿勢や反発の流れも見られた。そのため、社会全体に対立と混乱を生み出し、今日を迎えているようである。ところが、それらの分断と混乱は、時間の経過とともに沈静化するのではなく、ますます様々なテーマへと拡散し、立法の積極的な対応や民主的な多数決原理等による冷静な解決を図りにくくしている。すなわち、政治的・社会的閉塞状況が広がってきているのである。

本書で取り上げた歴史的な価値観の対立の事例については、法原理機関としての司法が、多数決原理とは離れて、紛争、対立の本質を捉え、対応してきたことを説明してきた。

今日、我が国でも、社会を対立と分断の渦に巻き込むおそれのある新たなテーマとしてLGBTQ問題及び同性婚問題が登場している。これらの問題の解決を図るためには、これまで検討してきた複数の事象への司法による対応(ヒント①〜④)を大いに参考にするべきなのではないであろうか。

それを改めてかいつまんで言えば、過去の成功例が示しているように、(1)未来のあるべき社会を見つめながら、憲法の基本理念と個人の尊厳を基調にして、立法裁量に果断に挑戦し、（2）政治的・社会的状況を冷静に見ながら、国民目線で考え、その支持を得られるという冷静な状況認識の下で、（3）テーマに沿った説得力を有する法令・憲法の解釈と適用によって、正義に適う解決を模索していくほかはない、というべきであろう。

我が国司法は、米国の司法のように、判例法国の法理念に基づき、「自然法」の法原理の存在や裁判所には個別の救済を行う権能、すなわち「衡平法（エクイティ）」の権能のような多くの手段、方法、武器等を保持してはいない。しかしながら、憲法二四条の壁を乗り越えるためには、ヒント①〜④を参考にし、そして後に述べるヒント⑤（「憲法の変遷」の概念の根底にある法思想）をも加味しながら、毅然と対応していく以外にはないように思われる。

以下、これらを踏まえて、いよいよ、我が国の同性婚問題について、我が国司法がいかにして憲法二四条の壁を乗り越えることができるのかを具体的に検討していくことにする。

第五章　同性婚を認めるための二つの憲法解釈の提案

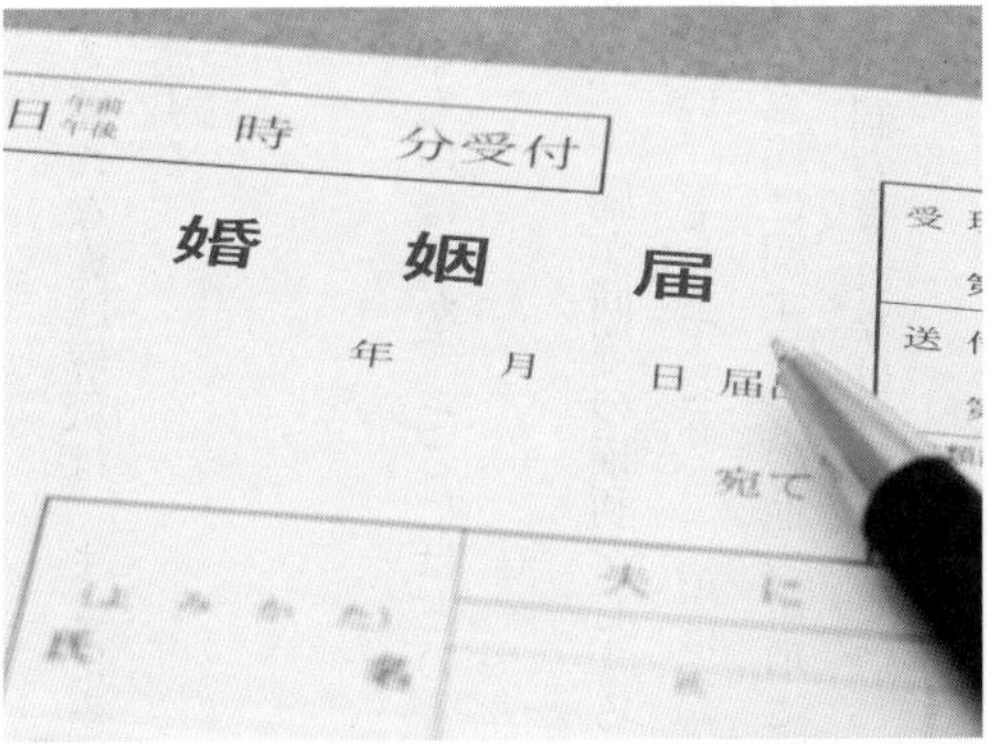

1　提案その一　同性婚も憲法二四条の婚姻に含まれる

我が国司法が同性婚も憲法二四条の婚姻に含まれるとする新たな憲法解釈は、まさに憲法二四条の壁を乗り越えることを目指すものである。以下、詳述する。

憲法二四条一項の婚姻における人権思想

新たな憲法解釈については、まず、憲法二四条の意図するものは何か、そこにはどのような人権思想・婚姻観が存在しているのかを見ていきたい。

二四条一項は、「婚姻は、両性の合意のみに基いて成立し、夫婦が同等の権利を有することを基本として、相互の協力により、維持されなければならない。」としており、二項は、「配偶者の選択、財産権、相続、住居の選定、離婚並びに婚姻及び家族に関するその他の事項に関しては、法律は、個人の尊厳と両性の本質的平等に立脚して、制定されなければならない。」としている。

このように、一項は、法制度としての婚姻について、両性の合意のみに基づき成立すること、及び、婚姻においては、夫婦が同等の権利を有することを基本として営んでいくべきことが謳われている。この趣旨は、次のようなものであろう。

明治民法では、「家」制度の中に婚姻が組み込まれているとみることができるが、夫婦の婚姻を含む家族の身分的・財産的問題の処理においては戸主の強い権限が規定されていた。すなわち、家族の身分行為（婚姻、養子縁組など）に対する戸主の同意権等が定められており、婚姻の成立のためには、当事者双方のみの意思の合致では足りず、戸主の同意を必要とする仕組みが採られていた。また、家の財産についても、長男子による家督相続権や妻の財産上の取引の無能力を定めており、男女差別的な考えに基づく仕組みが置かれていた。

しかし、現行憲法では基本的人権の保障の理念を謳い、法の下の平等の原則を掲げ、性別等を理由とする差別を禁止するなどの規定が置かれている。そのため、もはや、このような仕組みは、新しい憲法理念等に背馳するものとして許容されないものとなった。

そこで、二四条一項は、家族制度の核である婚姻を特に取り上げ、このような趣旨・理念と齟齬《そご》する明治憲法下の明治民法による前記の差別的な仕組みを明確に否定し、婚姻については憲法の新しい理念に沿った基本原則を採用することを宣言したものといえる。

二四条二項が示す婚姻に関する立法指針

次に、二項は、婚姻とそれを核とする家族に関する事項について、配偶者の選択、財産権、相続、住居の選定、離婚という特定の事項を具体的に掲げ、さらに、その他の事項に関しても、**個人の尊厳と両性の本質的平等に立脚して法制化すべきこと**を謳っている。その趣旨は、前記のように一項で定めた婚姻については、かつては、いわゆる明治憲法下の「家」制度として新しい人権思想に完全に背馳する象徴的な存在であったことから、特にそれを取り上げて、新たな人権思想によるべきであることを示したものである。そして、そのような婚姻とそれを核とする家族制度に関する具体的な事項に関しても、「個人の尊厳と両性の本質的平等に立脚して、制定されなければならない。」という大原則によることを立法に命じているものである。

そうすると、一項も二項も、基本の憲法理念、人権思想は同じものである。そして、一項は、家族制度の核であり象徴的な意味合いを持つ婚姻についての新しい理念を謳い、二項は、その理念・思想に基づく婚姻を核とする家族制度の具体的な内容についても、新しい理念、思想から離れることなく制度化すべきことを、立法指針という形で示したものというべきである。

一般規定と特別規定

憲法一三条は【個人の尊重・幸福追求権】等を定めており、一四条は【法の下の平等】の大原則を定めたものである。いずれも具体的な適用場面を特定していないものであって、現行憲法における包括的な、あるいは一般的な人権規定というべきものである。他方、二四条は一項及び二項において、特に婚姻とそれを核とする家族を取り上げて、これらに関する網羅的ではあるが特定の事項について現行憲法の基本的な人権思想、理念に沿うべきである旨を定めている。そこでの具体的な原則を示す文言が、婚姻・家族に関する立法裁量の限界を画するものとされているのである。

そうなると、現行憲法上の様々な権利・自由に関する人権保障については、一三条、一四条は一般規定であって、二四条は「婚姻・家族」に特化して定めた特別規定という位置付けになろう。

したがって、婚姻や家族という法制度についての現行憲法上の扱いやその合憲性審査においては、特別規定である二四条が優先するので、基本的には二四条との適合性こそが検討されるべきである。他方、一三条、一四条は、それらの理念は解釈の前提として参考になるとしても、二四条の規定と齟齬する、あるいはそれに優先するような条項として適用されるべきではない（その余地はない）ということになる。

以上によれば、前記の同性婚訴訟で原告らが主張している「同性婚を認めていない民法等の規定に対する合憲性の審査」（この表現は、後に述べるように、便宜的なものである。）においては、一般条項である一三条や一四条に反していることを理由にして結論を出すことはできない。そこは、まさに、婚姻に特化した規定である二四条に反しているのかどうか、これこそが正念場なのである。

以下、このような観点から、民法等の規定が二四条違反となる解釈・適用の可能性を探っていくことにしたい。

憲法二四条は同性婚を許容しているか

ところで、二四条の条文の文言をよく見てみたい。二四条一項は、「婚姻は、両性の合意のみに基いて成立し」とあり、また「**夫婦が**同等の権利を有すること」とされている。さらに、二項も、「婚姻及び家族に関するその他の事項に関しては……**両性の**本質的平等に立脚して」と規定している。この太字部分の文言は、通常は、男と女のペアを表すものであるため、婚姻は異性同士による制度であることが、その用語からはうかがえるものとなっている。

そうすると、**これらの太字部分の文言によれば**、婚姻という法制度については、現行憲法は、異性同士の婚姻を念頭に置いて規定しているといえよう。その結果、二四条一項、二項が置かれたことにより、その文言からして、**異性同士の婚姻**が憲法の想定している法制度としての「婚姻」であると一応いえる。そのため、立法としては、それを踏まえた婚姻の具体的な内容を法律によって制定していくことになるのである。

他方、同性婚は異性婚と同一のものではないが、憲法には、二四条を見ても、婚姻には同性婚を含ませることを禁止している明文の規定は見当たらない。そうすると、憲法一三条や一四条の一般規定があることなどもあって、「二四条は同性婚を許容している」という見解がある。これは、要するに、《同性婚の制度化は立法政策に委ねられ、制度化しようと思えば、現行憲法のままでもできる。》というものである。前に紹介した五つの地裁判決も概ね同旨であろう。

しかしながら、前記の札幌地裁判決についての私のコメント（第二章3の「「憲法二四条で合憲」と「憲法二四条で違憲」との整合性」）で述べたように、二四条の**文言上からは、あるいは文言のままでは**、現行の憲法秩序としては、婚姻に同性婚を含み得るとする解釈は無理であると考える。

二四条の文理解釈の問題点

前記のとおり、二四条で使用されている文言を見ると、そこでいう婚姻は異性婚を念頭に置いていたことが読み取れるものとなっている。

しかしながら、明治憲法の時代には、同性愛や同性婚については、精神的疾患であり治療すべきもの、社会秩序を損ない忌み嫌うべきものとする観念が支配していた。

他方、婚姻とは男女の精神的・肉体的結合と解されていたため、現行憲法制定当時では、そもそも同性婚という法制度があり得ることについての認識がないに等しかったといえよう。そのため、婚姻を取り上げて憲法で規定する際には、単に**その当事者に着目して**「両性」という用語となったのであろう。あるいは、**婚姻関係にあるカップルを表す場合**には、伝統的には異性同士の結び付きであることから、自然に「両性」や「夫婦」という文言が用いられたものに過ぎないのである。そこには、法制度としての婚姻の定義としては異性婚であると定めることについて、積極的な、あるいは強い意図があったわけではない。要するに、同性婚を排除するという問題意識さえもないまま、単に「婚姻」という法制度とその当事者を取り上げる方法として、「両性」「夫婦」という文言が用いられたことが容易に推察されるところである。

そうすると、二四条一項、二項は、婚姻については、かつてのように、家制度での個人の尊厳を損なうようなものではなく、現行憲法の新しい人権理念に沿うものとすることを宣言しようとしたものである。そこに意味があるのであって、それ以上に同性婚を排除するかどうかという点については、問題意識すらなかったといえよう。私が調べた限りでは、現行憲法の立案に関する資料に、同性婚排除を意図することをうかがわせるものはないようである。

二四条の壁を乗り越える文理解釈

これを前提に、改めて二四条一項の文言をみると、一項にいう「両性の合意」は、異性同士であることを積極的に要請したものと解する必要はなく、「当事者の合意」と言い換えても全く支障のないものである。同じように「夫婦が同等の権利を有すること」は、「双方が同等の権利を有すること」と言い換えても趣旨は同じである。さらに、同条二項の「両性の本質的平等」は、ここも「双方の本質的平等」と言い換えても齟齬はないといえる。このように、そこで用いられた文言は、当時は当たり前のことと観念されていた異性婚が念頭にあったために、特段の意識なく、そのまま使用されたものに過ぎない。その文言自体に他の積極的な役割、すなわち、当事者の性別を固定するような役割を担わせているわけではないのである。

そうであれば、二四条の文言は、前記のとおり、過剰な、あるいは、意図しない効果（すなわち同性婚の排除）を生じさせるような文言ではなく、同じ趣旨を別の文言（「当事者」「双方」）に言い換えることも可能なのである。

このように解した場合には、二四条の解釈に際しては、最初から婚姻について同性婚を排除しているという文言解釈を採るのではなく、このような文言（「当事者」「双方」）に言い換えた上で解釈することも、許容されることになろう。

これによれば、憲法の条文をその文言そのものではなく、その基礎にある憲法思想を基に、その文理からは少し離れた解釈（かつ、その趣旨は変わらない解釈）をすることが可能となり、そこで初めて、同性婚が許容される余地が出てくるものと思われる。

このような憲法の条文をその文理から少し離れて解釈することが可能なのか、どのような場合に可能となるのかについては、さらに理論的な検討、説明が必要であると思われる。

なお、前にコメントしたように、地裁判決の中には、次のような解釈論が見られる。すなわち、二四条一項は、婚姻を異性婚として規定しているが、同性婚を禁止してはいない。婚姻をどのような制度にするかは、社会的な承認が支えるものなので、今後、同性婚や婚姻に対する国民の社会通念等が変わってくれば、同性婚もここでいう婚姻に含ませる解釈の余地がある（しかし、今は無理である）、というものである。しかしながら、二四条一項の婚姻は異性婚をいうとして、同性婚を排除しておきながら、憲法改正をしないままでも、婚姻等に関する社会通念等が変われば、なぜ、同性婚も「婚姻」に含ませることができるのか、についての説明はない。

以上の点も踏まえて、以下、同性婚を含む憲法解釈についての私の試論を紹介したい。

「憲法の変遷」の考え方[12]（ヒント⑤）

「憲法の変遷」(Verfassungswandlung)は、周知のとおり、ドイツの公法学者ゲオルク・イェリネック(Georg Jellinek)らが提唱して広がった概念ないし法理論である。その内容、限界、法解釈との関係等については、ドイツ公法学において議論が活発化している。ここでは、今日の社会的価値の多様性に基づく同性婚問題の解決に及ぼす影響等を考える際の、新たな視点を見つけだすヒントとして、この「憲法の変遷」の有用性を考えてみたい。

それは、硬性憲法(改正が通常の法令の改正とは異なり、その手続要件が厳重であり、改正が容易ではない憲法のことをいう。我が国の憲法も硬性憲法である。)において、憲法の規定と時代の変遷の間に齟齬が生じてしまい、そのままではその法的効力を認め難い状況が到来した場合の話である。

これは、その解決策をめぐり有効な方法が見つかり難く、閉塞状況に陥っているときに、憲法が改正されないままであっても、憲法の持つ意味、機能が時代の変遷や社会情勢の変化と共に、従前と異なるものに変わっていくという法理論である。

この理論を更にかみ砕いて言えば、こうである。憲法の規定が、硬性憲法であるために時代の変化に適応した当該条文の改正ができないまま推移し、その結果、国民からの支持の喪失、規範意識との乖離が生じた。その場合、成文の憲法であっても、当該条文はそのままでは法的効力を有しなくなり、別の意味の条文に変わっていくことになるというものである。その結果、新たな意味の憲法規範として、憲法解釈においてもそのような条文解釈が行われるという考え方である（なお、これが「憲法の法源の交代」なのか、「規範的意味の変化」なのか、変遷の範囲等との関係で講学上の議論がある。）。

要するに、憲法改正手続きによらない憲法条文の法的効力の喪失・変更を説明するものである。この根底にある思想は、ラフにいえば、このような状態にある憲法の条文については、憲法であっても、そのままの条文の読み方、効力を保持し続けることはできなくなる、というものである。そうすると、憲法改正の手続きにより改正がされたと同様の状態が生じ、司法による憲法解釈の場であっても、当該条文を従前とは異なる内容のものとして解釈・適用することができる。そのような考え方である。これは、当該法源が憲法の条文であっても免れることはできないところであろう。

ところで、我が国において「憲法の変遷」が論じられる多くの場合は、現行憲法の九条（戦争放棄)の解釈・適用をめぐってである。徹底した非武装中立の平和主義の考え方を採っているとした上で、時代の変遷や世界情勢の変化により、従前と異なる選択的平和主義に変わったという憲法解釈が可能なのか、許されるのかという文脈の中で議論されることが多かった。そのため、はじめから、この「憲法の変遷」という概念に対しての強い警戒感を抱くこととなって、冷静な議論が少なかったように感じられる。しかしながら、私としては、ここではこの概念については、硬性憲法における条文が国民の支持を失った状況が生じた場合、司法による憲法解釈がどうなるのか、という一般的な問題として考えてみたい。すなわち、司法はその際に、その状況をどのように評価して憲法解釈を行うべきか、それが可能かという純然たる法理論の問題として捉えて、これを基に同性婚問題の解決を検討していきたいと考える。

この考え方は、今回の二四条の「両性」等の文言について、別の文言解釈を探るためのヒントになり得るのではなかろうか(13)。

二四条の「両性」等の文言は変遷したか

憲法二四条で使用されている文言のうち、一項、二項の示す法原則(婚姻は当事者の合意のみで成立すること、夫婦の権利は同等であること、婚姻と家族に関する事項は個人の尊厳と双方の本質的平等に立脚すべきことなど）については、現行憲法の人権の理念に基づくものである。したがって、私としては、今日においても堅持すべき旨を宣言したものであり、そこでは憲法の変遷を問題にする余地はなく、二四条全体を改正するなどの必要はないと思う。

しかし、二四条で使用されている「両性」「夫婦」の文言については、前記のとおり、憲法が法制度として認める「婚姻」を定義することを意図して用いたものではない。それにもかかわらず、結果的に、婚姻は異性同士のものという解釈を生む機能を持つことになってしまっている。そのため、異性婚が憲法の認める法制度としての結婚であり、それにより、それとはそぐわない婚姻（具体的には同性婚）を立法により創設することは憲法が認めていない、という解釈が生まれてきてしまうのである。

このような状態は、今日の日本どころか世界各国において広がりを見せている社会の多様性の理念にそぐわないものである。そして、この理念とそれが後押しする象徴的なテーマである性的マイノリティーに対する差別の解消と同性婚に対する正しい理解の形成の流れにさからうことになっているのである。このような状態は、前記の同性婚の賛否に関する国民の意識調査の結果においても、同性カップルに法的保護を認め、同性婚を婚姻として認めるべきであるという回答が七割前後に及んでいることとも整合しない。要するに、文言にこだわる二四条の文理解釈は、時代が求めている国民の多数の規範意識から離れたものとなっているのである。そうすると、そのままではその法的効力を認めてよいのかさえ、大きな疑問が生じてくることにもなろう。

この状態については、憲法二四条一項、二項の「両性」「夫婦」という文言について、憲法の変遷が及んでいる状態にあるという説明が相応しいような気がしてくる。あるいは、憲法の変遷という法概念ないし法理論そのものを持ち出すことがはばかられるのであれば、その根底にある法思想を踏まえた解釈もあり得るのではなかろうか。さらには、民主主義の下では、憲法も法源である以上、規範の対象となる国民の側の規範意識から支持されない場合には、その効力を保持し得ないという法哲学的な一般公理にも反するものである。そうであれば、これらの考え方、法思想を基にして新しい文言解釈が可能な状態になっているという説明ができるのではなかろうか。

「両性」「夫婦」を「当事者」「双方」とする文理解釈

ところで、憲法の変遷ないしその根底にある法思想等の視点で検討することが可能であったとしても、先に述べたとおり、変遷しているのは二四条の全体ではない。そのうちの特定の文言、「両性」「夫婦」の使用から引き起こされる二四条が意図していない「婚姻」の当事者を異性同士に限定してしまうことである。この点が国民の規範意識と齟齬しているので、この点だけが憲法の変遷等として説明できるのではないかと考える。

そうすると、この二四条一項及び二項の特定の文言「両性」「夫婦」を、**男女に限定せず、婚姻関係にある二人**（男女かどうかは問題としない）**を意味するだけの「当事者」「双方」という別の用語が使用されているのと同じだとして二四条を解釈すること**、それができるのではなかろうか。

このような文理解釈をする場合でも、それによっても二四条の本来の趣旨には変更が生じないのであるから、このような解釈が許されるはずである。そうであれば、敢えて「憲法の変遷」をわざわざ持ちだすまでもなく、このような解釈は、一つの憲法の条文の解釈として許されるものと考える。

これこそが、司法による憲法理念に沿った二四条一項、二項に関して採るべき新しい憲法解釈であろう。

そして、その場合、判決文で「憲法の変遷」などという講学上の概念をわざわざ明示する必要はなく、通常の、司法による違憲立法審査権の行使としてなし得る憲法解釈なのである。

このような新たな文理解釈を行うことによって、同性婚も婚姻の中に含まれるものと解釈することができ、それは憲法上の権利であるという位置付け、評価になる。そうなれば、今日の同性婚問題が解決されることになろう。

新しい文理解釈が開く世界

繰り返しになるが、現状は、いわゆる同性婚状態である場合であっても、婚姻という現行の制度による法的・社会的利益を享受できない状態にある。そして、前述のとおり、何よりも婚姻という制度における二人の個人の結合という人格的で根源的な結び付きの喜び、精神的な充実感、相互の助け合いによる一種の運命共同体的な安心感や相互の心からの信頼関係の素晴らしさといった「かけがえのない個人の尊厳としての喜び」を享受できないという状態に置かれているのである。

このような状況の下で、新しい憲法二四条の文理解釈によって、新たな世界が開けるのである。そうであれば、同性愛者のような性的マイノリティーの人達が「婚姻」ができないために損なわれている基本的人権、個人の尊厳に着目し、それを救済することは、法原理機関としての司法の基本的責務であろう。今日、司法は、そのことを国民から期待されているといえるのではなかろうか。

違憲判断の対象は何か

ここで、多少技術的な問題を指摘しておきたい。

前記の五地裁に係属した同性婚訴訟は、既にすべて判決済みで控訴されている。ところで、これら五件の同性婚訴訟における原告らの主張は、多少の表現のばらつきはあるが、その中心的な内容として、次のように整理されているものが多い。

《同性同士の婚姻を認めていない民法及び戸籍法の婚姻に関する諸規定は、憲法一三条、一四条一項、及び二四条一項、二項のいずれか、あるいは全部に違反している。それにもかかわらず、国が必要な立法措置(同性同士でも婚姻を可能とする措置)を講じていないことは、国家賠償法第一条一項の適用上違法である。》

この主張ではまず、既存の民法と戸籍法の婚姻に関する規定のどの部分が違憲・無効となるのか、すなわち違憲(判断)の対象はどの部分(どの条文)なのかは特定できないことになる。そもそも、原告らの主張する民法及び戸籍法の婚姻に関する諸規定が違憲ということの真意は、結局、国会が、同性婚を、民法や戸籍法はもちろん、他の法令(例えば、同性婚に特化した婚姻制度を定める特別法)も含め、およそ法制度として用意していないという「立法不作為」を問題にするものということになろう。このように、主張を明確に整理する必要があろう。

ところで、司法による違憲立法審査権は、通常は、国会で制定された具体的な法令(法律)等を対象として制定後に審査を行うものとされているものであり、いわゆる「事後審査」の制度である。そうすると、具体的な法令の違憲審査ではなく、国会の立法裁量権の行使がされていない段階の不作為それ自体を違憲審査の対象にできるのか、という疑問が生じよう。

この点はやや専門的な話になるが、重要な問題であるので、簡単な説明を加えておきたい。

まず、国会による立法的検討、すなわち立法裁量権の行使が全くされていない状態のときでも、司法が、違憲立法審査権の行使として、特定のテーマ・内容の立法を行うことを国会に命ずることができるかが問題となる。これは、通常は、国会の立法裁量権を無視することになり、三権分立の原則に抵触するものであって、一般には許されないことになろう。しかしながら、今回問題になっている国会の立法不作為というのは、憲法の関係規定からして、異性婚だけではなく同性婚も婚姻とする法制度を制定すべきことが要請されている状態での話である。その場合、国会が正当な理由なくこの憲法上の要請を無視し続けているとき、それは、その方向での立法措置はしないという内容の立法裁量権の行使が既にされていると評価することができよう。要するに、単なる立法不作為、立法不存在ではないのである。

以上によれば、「民法及び戸籍法の婚姻に関する諸関係規定が違憲である。」という主張は、民法等の特定の規定を違憲審査の対象にしているような誤解を招きかねない表現となっており、簡略にすぎる。正確には、次のような趣旨をいうものであろう。

現行の法律では、民法及び戸籍法をはじめ他の法律においても、同性婚を認める手続きを全く置いていないが、それは、同性婚の制度化が憲法上の要請であるのに、そのための立法措置を怠っているものである。これは、憲法の趣旨に反する国会の立法不作為であり、違憲である、という主張とみるべきであろう。

そのような国会における立法不作為は、具体的な立法措置（法律の制定）そのものではないが、「そのテーマでは今は立法権の行使をしない」という趣旨の国会の立法的対応が既にされているとみることができる。原告らが求める違憲判断の対象及び違憲の主張は、このような趣旨と解され、司法は、その違憲の主張の当否を判決の理由中で示すことになる。そして、違憲と判断されれば、民法等の関係規定のどこかが無効になるわけではないが、国会は、しかるべき法律による同性婚の制度化に向けた立法対応を速やかにとる義務を負うことになる。

なお、当該立法不作為が国家賠償法上違法と評価されるかどうかは、国会議員の国民に対する職務義務違反の有無の話であり、法令の違憲の問題とは一応別の話である(14)。

2　登録パートナーシップ制度のゴールは同性婚か

同性婚訴訟の判決については、前記のとおり、地裁レベルの五つの判断が出揃う形となった。この合計五件の判決内容に関しては、本書「第二章　日本の五つの同性婚裁判」において、各裁判の判断内容の概要と私の若干のコメントを紹介している。そこでも触れたが、そのうち、東京地裁、名古屋地裁及び福岡地裁の三つの判決が、憲法二四条二項との関係で、違憲ないし違憲状態という判断を示し、その過程で登録パートナーシップ制度の法制化に触れている。そこで、この点について、改めて説明を加えておきたい。

まず、三件の判決が目指したものについて検討したい。

この三件の判決は、同性カップルの婚姻を認める規定を設けていない民法及び戸籍法の婚姻に関する諸規定について、東京地裁と福岡地裁が憲法二四条二項に適合するかを問題とし、「違憲状態」とし、名古屋地裁は、二四条二項と一四条一項に違反するので「違憲」と判断した。名古屋地裁の判決については、マスコミにおいても、「結婚の自由　確かな前進」（朝日新聞、二〇二三年五月三一日朝刊）といった見出しで報道されている。

この三つの判決は、国家賠償請求自体は認めなかった。しかし、憲法二四条二項が、「配偶者の選択、財産権、相続、住居の選定、離婚並びに婚姻及び家族に関するその他の事項に関しては、法律は、個人の尊厳と両性の本質的平等に立脚して、制定されなければならない。」とし、「婚姻及び家族に関するその他の事項」についても規定している点に着目し、次のような判断を行っている点が特徴的である。

すなわち、民法等は、同性のパートナーに対して、永続的な精神的・肉体的結合を目的とする共同体を法制度として一切認めていない。その点で個人の尊厳を損なうものであるとし二四条二項に違反する、又は違反する状態にあるとした(15)。そして、その過程で、諸外国におけるいわゆる登録パートナーシップ制度に言及し、そのような制度を採用する余地があるのになされていない点を指摘しているのである。

これは、具体的に、登録パートナーシップ制度を婚姻に類似する法制度として取り上げ、それを採用し立法化することにより、同性パートナーにとって個人の尊厳に繋がる利益を享受する方法がある点を問題にしたものである。そこでは、登録パートナーシップ制度の法制化が同性婚問題の解決のため検討に値する選択肢であることを指摘しているといえよう。

以下、このような説示が、同性婚の制度化をゴールとして目指している同性婚問題の解決について、どのような影響を与えるのか、何らかの懸念はないのかについて、検討していきたい。

三つの地裁判決が言及する登録パートナーシップ制度

この三つの判決は、既にその概要は紹介しているが、多少説明を加えたいと思う。判決では、同性同士がパートナーとして婚姻類似の公認された共同体として保護される規定を用意していないこと、あるいはそのような民法等の規定について、憲法二四条二項との関係で違憲ないし違憲状態であるとしている。

その判断の枠組みは、二四条二項の「婚姻及び家族に関するその他の事項」に着目するものである。具体的にはそのうちの、（Ⅰ）「家族」は「婚姻」関係ではないから、そこに同性婚を含むのは無理だとしても、「パートナーと家族になるための法制度」は含み得るとする判断、ないしは、（Ⅱ）「家族に関するその他の事項」には、同性カップルの人的結合に関する事項も含まれるとする判断がされている。

これらについて名古屋地裁判決では、同性パートナーが保障されるべき人格的利益は、両当事者の関係が正当なものであると社会的に公証され、その関係を保障するための法的枠組みが与えられることが重要であるとしている。そして、諸外国におけるいわゆる登録パートナーシップ制度の導入とその広がりのほか、同性婚制度自体の導入も諸外国で増えてきている状況を紹介している。さらに、我が国の地方自治体でも、条例を根拠とする同性同士の登録パートナーシップ制度の導入が進んでいる状況等に言及している。そして、次のように結んでいる。「登録パートナーシップ制度が創設された以降、これを導入する地方自治体が増加の一途を辿っているが、これにより弊害が生じたという証拠はなく、……伝統的な家族観を重視する国民〔との間でも〕……共存する道を探ることはできるはずである。」

以上を踏まえて、さらに登録パートナーシップ制度についての詳細な説明が展開されている。すなわち、法律婚制度に付与された効果の中には同性間にそのまま開放できないものもあって、様々な立場や他の諸利益との調整等を必要とする。しかし、これらは、適切な立法裁量によって対応できるものであり、同性カップルの関係を公証する法的枠組みを設けることを否定すべきことにはならない、としている。

そして、登録パートナーシップ制度にいかなる効果を付与すべきかは、国会の裁量に委ねるべきものではあるが、そのような制度的な利益を享受する方法をおよそ用意していない現状を放置することは、個人の尊厳の要請に照らし合理性を欠くに至っているとしている。その上で、現状は、国会の立法裁量の範囲を超えるものと見ざるを得ないとし、二四条二項に違反する〔違憲〕と結論付けたのである。東京地裁判決も福岡地裁判決も、結論は違憲状態とした以外はほぼ同旨である。

以上の判示の意図を端的にいえば、次のとおりである。それは、同性婚の法制化ではなく、登録パートナーシップ制度という具体的な一つの法制度モデルを取り上げ、これを二四条二項に沿った「家族」ないし「家族に関するその他の事項」に含まれるものとして立法化する余地があるとした。それは法律婚ではないが、そのような法制度を構築することが憲法上要請されているとしているのである。

三つの判決の気になる点

これらの判決の判示は、同性パートナーの人達にとって、法律婚による法的利益の一部ないし重要なものを享受できるようになるための現実的な対応（登録パートナーシップ制度の導入）についての提言を含んだ形となっている点が重要である。それは、現状の差別の現実的な解消に向けた提言ともいえるもので、歓迎されることが予想される。私としても、その趣旨・意図は十分に理解できるところである。

もっとも、気になることは、登録パートナーシップ制度のゴールは、実際上、同性婚となるのか、登録パートナーシップ制度止まりなのかという点である。どちらをゴールとするのかは、それぞれの制度の目指す夢との間に無視できない違いがあるが、それによって決まってくる。

この点については、更に検討をすべき問題が残っているのである。

新しい別の差別を生み出すおそれはないか

まず、司法からのこのような指摘に応じて、立法が登録パートナーシップ制度を法制度として制定した場合を考えてみよう。その場合は、第一に、そこにどのような法的利益を盛り込むのかが問題となる。すなわち、自然生殖機能がないという点を除いては婚姻と全く同じ法的利益を盛り込む制度が考えられる。その場合には、その制度は、まさに「婚姻」そのものである（あるいは婚姻の一つである。）と評価されることになる。そうなると、前記で論じたとおり、二四条一項及び二項が「婚姻」を異性婚としての制度と（想定）しているのに、その壁を乗り越えないまま（乗り越える方法、説明を用意しないまま）、二四条の想定していない婚姻を立法化することができるのかが問題となり得る。それは二四条違反となり、許されないという考えもあろう（なお、後述するとおり、登録パートナーシップ制度を二四条二項の「家族」ないし「家族に関するその他の事項」の一部であるとして合憲とする解釈論についても、二四条一項との関係についても、憲法解釈上の説明が必要である。)。

まず、登録パートナーシップ制度においては、そこでは生殖機能がないので、婚姻による法的利益のうち性質上付与できないとするもの(例えば、出産休暇、出産手当の支給等)がある。これは当然である。それは別としても、そこに、それ以外のどのような法的利益を盛り込むかについては、新しい制度であるため、合理的な範囲での広い立法裁量が許されることになる。そうすると、でき上がった登録パートナーシップ制度は、婚姻とはかなり異なる内容(前記のとおり、三〇以上あるといわれている婚姻の法的利益に比して、認められている利益が少ないもの)となる可能性がある。

また、生殖機能がないという点で、前記以外にも、生物学上の親子と戸籍上の親子が一致しないことになるため、嫡出推定が認められるか、養子縁組が可能となるか、生殖補助医療の可否等が問題になる。この制度は、それらの点やそれ以外の点についても、立法化に際して婚姻とはかなり異なる制度となる可能性がある。そして、その内容いかんでは、異性婚の婚姻との間で大きな格差が生ずるおそれがあり、それを完全に払拭できるような制度ができるのかはかなり気になる点である。

これらは、登録パートナーシップ制度の法制化に際しての考慮すべき課題である。加えて、そのことと相まって、最も大きな懸念としては、登録パートナーシップ制度が同性カップルのものであるということ自体から新たな問題が出てこないか、ということである。

すなわち、婚姻こそが、二人のパートナーにとっての精神的・肉体的結合を前提とする制度として、歴史的、伝統的に認められ、社会的に承認され、維持され、保護されてきたものである、という一般的な認識が存在している。そうなると、登録パートナーシップ制度は、性的マイノリティー当事者のために例外的に用意されたものということになる。そのため、「婚姻に類するが、それとは非なるもの」、あるいは「正規の婚姻の代替物」等と観念されるおそれがある。それが、登録パートナーシップ制度におけるパートナー当事者に対して、別の新たな差別・差別意識を生み出し、固定化されないであろうか、という懸念がある。

さらに、関連する問題として、諸外国の例を見てみたい。フランスでは、一九九九年に、婚姻とは別の制度として、**異性又は同性同士**のユニオンをドメスティック・パートナーシップとして認める連帯市民協約（PACS）が導入された。それが同性婚の制定に繋がっていかない場合、既存の婚姻との間でも収拾のつかない不整合が生じるおそれがあった（なお、二〇一三年には民法について、婚姻は、異性又は同性の二人の間で成立するという改正がされ、混乱は回避されたようである。）。このほか、南アフリカ共和国の例のように、二〇〇六年に、**性別を問わず**シビル・ユニオン（結婚に似た法的に承認されたパートナーシップ関係）の形成を認める法が制定された。ところが、シビル・ユニオンは、婚姻又はシビル・ユニオンのどちらとしても登録できるという分かりにくい、あるいは都合が良い（良すぎる）婚姻、ないし同性婚制度となっている。

以上のとおり、登録パートナーシップ制度については、それが別の新たな差別・問題を生じさせる懸念がある。また、結局、この制度が、同性婚の制度化にまで至らないで終わる場合には、ここで示したように、これによって婚姻のあり方や同性婚問題の解決にはならない別の、あるいは新たな諸問題が生起するおそれがある。これらの点は、心に留めておく必要があろう。

これらの問題の解決方法としては、社会全体に対して、同性愛についての正しい理解を広め、LGBTQは性的指向によるものに過ぎないことを認識させ、差別をなくす努力が必要である。そしてこれは、社会の多様性を育むものであるとする啓蒙活動や対策立法の制定等によって克服できるとする見方もある。私もそれを期待したいと考えている。もっとも、婚姻及び登録パートナーシップ制度は、社会における家族の核となる基本的なものである。したがって、その多様性の価値と意義についての正しい理解を得るために、社会全体が対応を諦めずに長期的に続けていく必要があることは忘れてはならないところである。

登録パートナーシップ制度は同性婚に近づく方策か？

ところで、登録パートナーシップ制度は、緊急避難的な弥縫策《びほうさく》であり、あるいは、同性婚を実現するための戦略として、暫定的にそのための地ならしの方策であると位置付ける見方がある。それは、この制度化をまずテコとして評価し、戦略的に利用すべきであるというものであろう。この見方は、登録パートナーシップ制度を採用した多くの国では、その後、同性婚を制度化するに至っているという実例の存在を根拠としている。この点については、すべての例を把握しているわけではないが、当該国における同性愛、同性婚に関する政治的・社会的状況を注意して見ていく必要があろう。

ここでは、多くの憲法学者が紹介しているドイツの連邦共和国基本法（通称：ボン基本法）下でのパートナーシップ制（これを「登録生活パートナーシップ制度」という。）の導入とその後の同性婚成立までのボン基本法三条と六条一項との攻防(?)のごく概略を紹介しておきたい。

ドイツでの登録生活パートナーシップ制度の誕生・発展

ドイツでは、二〇〇一年から同性のパートナーシップ制度が設けられていた。その後、二〇一七年に、「同性カップルの婚姻の権利を認める法律」が成立し、民法一三五三条では、婚姻共同体について、「婚姻は、異なる又は同じ性の二人の者によって終生のものとしてなされる。」と改められた。このようにして、同性婚が導入されるに至った。しかし、そこまでには一六年間の歳月を要しているのである。その間の経緯、すなわち、(I)登録生活パートナーシップ制度の導入までと、(II)それが同性婚に繋がるまで、の二つの過程について、ごく簡単に素描したい。

まず、(I)登録生活パートナーシップ制度の誕生までの経緯は、次のようなものであった。ボン基本法では、六条一項で、「婚姻と家族は、国家秩序の特別な保護を受ける。」として、伝統的な婚姻とそれを核とする家族制度の保護を謳っている。そして、この規定は、男女の平等を謳うボン基本法三条が一般規定であるのに対し、「婚姻と家族の保護」に特化した特別規定として置かれたものである。そのため、当該事項については、一般規定に優先するものとされている。そして、六条一項でいう「婚姻」については、従前から、憲法裁判所の判決によって、「男女間の結合にのみ認められる制度としての婚姻は、基本法六条一項により、独立した憲法上の保護を受ける。」という判断が維持されていた。ここでは、婚姻は異性婚を前提とするものであった。憲法裁判所は、その時代までは、いわゆる登録パートナーシップ制度は婚姻とは相違しているものであることを前提にして六条一項の解釈を示してきたのである。

歴史的には、一九四八年九月の西ドイツのボン基本法制定会議で、「婚姻は男性と女性とによる法に適った生活共同体の形式である。」として提案されてから、数十年にわたりその考え方が一般に広く踏襲されてきた。また、一九六九年の憲法裁判所の判決では、「基本法六条一項において憲法上保障されている価値観によれば、婚姻は、男性と女性の間の包括的な生活共同体の正当かつ唯一の形式であり、子の健全な身体の成長は、原則、婚姻の中で実現される父母を伴った完全な家族共同体の中で庇護されることを前提としている。」としていた。その後も、伝統や慣例的な見方を基に、「婚姻は一人の男性と一人の女性とによる長期間にわたる生活共同体を営むことを目的とする結合体である。」という定義を繰り返し判示していた。

しかし、時代が進むと、個人主義的な自由権思想が社会に広まり、それにつれて、価値観の多元化の動きが強くなってきた。そうすると、憲法裁判所も、同性パートナーが性転換した場合には婚姻を許容するなど、当初の原理主義的な考え方で社会の流れに抗うような姿勢は弱くなってきた。それが、次の登録生活パートナーシップ制度への土壌となってきて、二〇〇一年の制度化へと進んだのである。

この登録生活パートナーシップ制度の出現までの経緯は、我が国の婚姻についての憲法二四条一項、二項の規定と登録パートナーシップ制度の採用が問題となっている現状に似ているともいえよう。しかしながら、**決定的に異なるのは**、次に述べるように、両国の、同性愛、同性婚問題に関する政治的・社会的状況である。

次に、(Ⅱ)ドイツにおける登録生活パートナーシップ制度の誕生からそれが同性婚に繋がった経緯をさらに見ていくことにしたい。

ドイツでは、一九七〇年代ころから、前記のように、社会全体の個人主義化及び価値観の多様化の流れが強まってきた。すなわち、社会の共同体形式を「唯一の正当なもの」から「時代において完全なもの」に変えていこうとする傾向が強まり、それを政治部門が積極的に取り込んでいくようになったのである。二〇〇一年のパートナーシップ制の導入は、当時ドイツ社会民主党（SPD）と緑の党の連立政権が、政権内部の激しい抵抗を抑えて実現させたものである。それは、当時の社会全体の動きに沿ったものであった。そうなると、憲法裁判所も、その後しばらくしてから、明示的に登録生活パートナーシップ制度を六条一項違反とは判示しない対応を取るようになったのである。そして、二〇〇九年、憲法裁判所は、ついに、基本法六条一項の規定は、婚姻とパートナーシップ制との差を正当化する根拠にならないことを示したのである。

その後、登録生活パートナーシップ制度については、社会的に認知され、ついに、二〇一七年には同性婚が法制化されるに至っている。

なお、現在、登録生活パートナーシップ制度と同性婚は共存しており、パートナーシップ制に関する差別意識は制度的にも存在していないものと推察している。

日本における政治的・社会的閉塞状況との違い

以上のように、登録生活パートナーシップ制度あるいは同性婚の制度化に関しては、**ドイツ**

では、政治的・社会的な閉塞状況にはなかった。むしろ異性間にこだわらない婚姻ないしそれに類似する制度の創設を政治部門が積極的に進め、憲法裁判所もそれを見て従前の原理主義的な対応を控えたのである。その後は、パートナーシップ制が制定されても、当初は、その内容に不十分な点があったため、これを婚姻に近づけるべく、改正を数次にわたって行い、段階的に内容を格上げしていったのである。その結果、ようやくそこで保護される法的利益には、両者間にほとんど差異はないまでになった。最終的には、同性婚も、登録生活パートナーシップ制度も同じ扱いとなって、同性婚が制度化されることになったのである。

ところが、我が国においては、これとは逆である。すなわち、立法においては、同性婚問題の解決を避けようとする姿勢がうかがわれ、動き出さない、あるいは動き出せない政治的・社会的閉塞状況があった。それを打ち破ろうとする司法が、前記のとおり、登録パートナーシップ制度に言及し、これを憲法二四条二項の要請に応えるための具体的な立法指針として示唆しているという状況なのである。そうすると、仮に、国としての登録パートナーシップ制度が制定されたとしても、立法としては、それで良しとして終わりにしてしまうおそれがある。すなわち、それ以上に登録パートナーシップ制度の内容を婚姻に近づける格上げの改定を段階的に行い、ついには同性婚を憲法上の権利として制度化していこうとする動きをすることは、控えることが十分予想されよう。立法としては、いわば「火中の栗を拾う」こととなるため、慎重にならざるを得ないのであろう。そうなると、登録パートナーシップ制度の内容は、取りあえずの対応で済ませたままの、不十分なもので終わるおそれがあろう。

以上によれば、心配しすぎかも知れないが、我が国では、司法が登録パートナーシップ制度の制定について具体例を挙げてその法制化を立法に命じたとしても、それ以上には進まないおそれが大きい。そして、同性婚問題の解決にはほど遠い状態が続くのである。そうなると、この制度における差別意識も解消されないままになるのではないか。そのことが危惧されるのである。

要するに、登録パートナーシップ制度は、それだけでは中途半端なものになるおそれもあり、同性婚を含む婚姻制度の制定というゴールに達する地ならしのための弥縫策・戦術にさえならないことになる。このことは、しっかりと認識しておく必要があろう(16)。

同性婚問題の解決のための方法

なお、付言すると、このように、ドイツの憲法裁判所は、ついに、ボン基本法六条一項を、男女平等原則を定める基本法三条に対する特別規定ではなく、婚姻とパートナーシップ制との差異を正当化する根拠にならないとし、従前の態度を改めた。この点については、「条文の文言を変えずに、憲法のテクストを改正した」とする批判がされているようである。しかし、私としては、これを次のように考えている。すなわち、憲法の規定が時代の変遷の結果と齟齬するようになり、国民の規範意識による支持を失った結果、憲法の持つ意味、機能が、時代の変遷や社会情勢の変化と適合するように、従前と異なるものに変わったのだと。すなわち、これも、「憲法の変遷」の例の一つといってもよいものではなかろうか。なお、この状況の説明としては、（Ⅰ）時代の動きに対応した憲法裁判所の憲法判断によって、基本法六条一項に憲法の変遷が生じたのか、（Ⅱ）基本法六条一項自体に憲法の変遷が生じてしまったため、憲法裁判所がそれを踏まえた対応をしたのか、（Ⅲ）あるいは、その両者なのか。これには色々な捉え方があろう。

私としては、前に述べたことの繰り返しになるが、少なくとも、《我が国の憲法二四条一項、二項の「両性」「夫婦」という文言は、婚姻の当事者を特定するためのもので、それが、ことさら制限的な内容（男女の当事者に限るというもの）を表す文言として使用することに強い意図があったとは思われない。そうである以上、時代の要請に沿った限定的でない、というよりも限定するためではない、ニュートラルな意味の文言にそれぞれを置き換えて、「当事者」「双方」という文言と同じものとして文理解釈することが可能である。》と考えている。これは「憲法の変遷」の概念の根底にある考え方によるものであって、そのような解釈を採用することは、憲法改正をせずとも可能であると考えているのである。

そのように解釈ができるのであれば、登録パートナーシップ制度の採用を考える必要はなく、前記のような問題は生じないことになるのである。そして、この文理解釈は、同性婚を憲法上の権利として法制化するための唯一の憲法解釈であると考えている。

3　提案その二　憲法二四条二項の「類推適用」

三つの地裁における二項違反の展開と結論

改めて、東京地裁、名古屋地裁及び福岡地裁の憲法判断を見ていこう。

そこでは、憲法二四条二項については、同性カップルとの関係性について、「家族」の問題として検討することは可能である、あるいは、「婚姻及び家族に関するその他の事項」に該当するなどとしている。その上で、登録パートナーシップ制度に言及し、この制度が内外において広がり、同性カップルの保護を図る具体的な制度があり得るのに、その実現もされていないことを指摘している。以上から、同性カップルを保護するための枠組みすら与えていない現況を放置することは、個人の尊厳の要請に照らし合理性を欠くに至っているとし、二四条二項に違反するとして、違憲状態あるいは違憲と判断している。

三つの判決の一項と二項の判断の整合性

しかし、三つの判決においては、二四条一項の婚姻は異性婚を意味しているので、そこに同性婚も含まれていると解することはできないとしている。

ところで、一項では、婚姻は、両性の合意のみで成立し、男女平等の原則を踏まえて運営され維持されるものであるという基本理念が謳われている。そうすると、二項は、その一項を前提にして、つまり異性婚を前提にして、婚姻と家族の制度化においては、個人の尊厳と両性の本質的平等に立脚して制定されるべきことを規定している、ということになろう。そして、二項では、婚姻及び家族の法制度の内容となる配偶者の選択、財産権等の具体的な事項が挙げられ、さらに、婚姻及び家族に関するその他の事項も包括的に示している。そして、これらを法制度化するに際しては前記の基本理念に立脚すべきことを規定している、ということになろう。

そこでいう「家族」は、夫婦を当事者とする婚姻を核として形成されるものである。すなわち、夫婦の子、孫、夫婦の両親、祖父母、夫婦の兄弟姉妹等の親族が構成員になるものと想定されているはずである。そして、二項で規定されている配偶者の選択、財産権等の具体的事項は、すべて夫婦とその家族に関する事項である。これは、そこでいう「その他の事項」との関係では、通常の法制執務の使い方からしても、配偶者の選択、財産等々は、婚姻と家族の内容となる事項の例示として記載されたものという解釈になる。

すなわち、「家族」は「婚姻」とは別の独立した法概念としてではなく、まさに**婚姻（異性婚を前提）を核とした前記の親族の集まりである家族の制度が念頭に置かれていたはずである。**

以上の理解を前提にすれば、次のように言えるであろう。婚姻を核とする親族の集まりとしての「家族」について、登録パートナーシップ制度が法制化された場合には、それは「婚姻」

には含まれないが「家族」としては二四条二項により規律され保護される、という解釈は、あまりにも便宜的な解釈である。これは、二項の念頭にはないものと言わざるを得ないであろう。

このように考えていくと、《登録パートナーシップ制度が二四条二項の「家族に関するその他の事項」に含まれ、憲法上の保護を受けるべき婚姻と類似するもう一つの同性パートナーの人達の法的な共同体となって二四条二項の保護を受ける。》という憲法解釈は、いささか無理なのではないだろうか。

このような解釈も憲法解釈としてあり得るというためには、さらに別の説明が必要であろう。このままでは、民法等が登録パートナーシップ制度の法制化さえも用意していないという状態が違憲ないし憲法違反の状態であるとする結論は出てこないように思われる。

以上を踏まえた上で、私としては、この点についての別の説明、すなわち、司法による違憲立法審査権の行使による新たな憲法解釈が可能かを改めて考えてみたいと思う。

「婚姻及び家族」は「異性婚及びその家族」限定か？

本章2の「登録パートナーシップ制度のゴールは同性婚か」の中に置かれている「同性婚問

題の解決のための方法」という小見出しが付されている個所において、私は、《我が国の憲法二四条一項、二項の「両性」「夫婦」という文言は……「当事者」「双方」という文言と同じものとして文理解釈することが可能である。》と述べた。これは「憲法の変遷」の概念の根底にある法思想によるものであって、そのような解釈を採用することは、憲法改正をせずとも可能であると説明している。そして、この文理解釈は、同性婚を憲法上の権利として法制化するための唯一の憲法解釈であると述べている。

しかし、このような解釈手法に疑問があるというのであれば、同性婚の法制度化は難しくなる。その場合のあくまでも**次善の策**として、同性婚の法制化とは別物になるが、**憲法上の権利として**、登録パートナーシップ制度の導入を図ることができるような解釈を新たに考えてみたい。

それは、登録パートナーシップ制度を憲法上の権利として制度化させるために、**そこでのカップルとそれを核とする家族について、二四条二項全体を類推適用する**、というものである。なお、「類推適用」とは、法規に規定された意味を法規にない類似の事項に拡充適用する法解釈の方法である。

この解釈は、同性婚の法制度化を追うものではないため、とりあえずは憲法二四条の壁を乗り越える必要はない。しかしながら、登録パートナーシップ制度の採用は、憲法一三条及び一四条一項が謳う、個人の尊厳を基にした基本的な人権の理念から要請されるものである。そして、国会が、この要請に応じてこの制度の立案、設計を行うに際しては、社会的実態として既に存在している同性パートナー二人の共同体とそれを核とする家族に対して、憲法二四条のうちの二項だけを類推適用する。それによって、その制度を憲法上の権利ないし制度として位置付け、評価することができる、というものである。以下、詳述する。

まず、現状では、同性同士のカップルが、お互いに真摯に愛し合い、精神的、肉体的な結合による永続的な生活を続けたいという思いは、まさに、個人の尊厳に関わる重要な人格的利益である。しかしながら、それが婚姻に類する共同体を築いていく方法、制度的な枠組みを、民法等は用意していない。そのため、このカップルは、婚姻による法的・社会的利益を享受できずにいる。そのことは、同性同士のカップルにとって、憲法一三条の幸福追求権が阻害され、個人の尊厳が損なわれている深刻な状態である。また、同性同士であるが故に、婚姻類似の関係にあっても、婚姻による法的・社会的利益を享受できない状態は、性的指向を理由とする区別取扱いそのものである。それは、憲法一四条一項の性別による差別を禁止する趣旨とも齟齬している。さらに、既に述べたように、世界的にも、同性婚を制度化したり、登録パートナーシップ制度を導入したり、あるいは、我が国の地方自治体でもパートナーシップ宣誓制度が設けられ、そのような流れが続いている。加えて、国民の約七割が同性婚に積極的な回答をしている状況もある。

そうであれば、国会は、同性婚を認めることまでは無理だというのであれば、可能な限りそれに準じた制度、すなわち、登録パートナーシップ制度を法制化する憲法上の義務が既に生じているといえよう。

したがって、民法等の関係規定が、そのような制度的な枠組みを用意していないという国会の立法不作為は、憲法一三条、一四条一項の趣旨に反する状態であるといえる。国会は、速やかに、このような憲法上の義務の履行として、登録パートナーシップ制度を法制化しなければならないということになる。

次に、二四条二項にある「婚姻及び家族に関するその他の事項」について検討する。いわば同性婚状態にある同性同士のカップルについても、そのカップルと、その親族（カップルの子、両親等)があるはずである。それは、二項でいう「家族」の実態とはあまり変わらないであろう。そうすると、このような「カップルとその家族に関する事項」の中身は、「婚姻及び家族に関する事項」の内容と似たようなものであるから、「同性カップルの共同体とその家族」を一体的に捉えて、これに二四条二項全部を類推適用する余地があるのではないだろうか。

すなわち、同性パートナー同士が、お互いに真摯に愛し合い、精神的、肉体的な結合による永続的な生活を続けるという婚姻に類する共同体(同性婚の実態のもの)を築き、その上で、いわゆる家族と一緒に共同生活を送ることは、今日、普通に見られる社会的事実である。そして、この二人の共同体は、生物学的な意味での子、両親、兄弟だけでなく、養子縁組等によって同性パートナーの子となった者も、この共同体の家族の構成メンバーとして社会生活を送っているのである。そこでは、同性パートナー間やその家族間では、パートナーの選択、財産権、住居の選定、パートナー関係の解消並びにここでいう「家族に関するその他の事項」をどう処理するかが重要なテーマとなっているはずである。

このような「同性カップルの共同体とその家族」は、今日、社会を構成する大きな存在として数を増やしている状況にある。これは「婚姻及び家族」に準じた存在である。そうすると、そこでの権利義務関係を当事者間だけの処理に任せて終わらせてしまうことは、問題である。すなわち、同性カップルとその家族にとっては、婚姻によってもたらされる多くの法的利益の享受ができないことに加えて、様々な関連事項（二四条二項が列挙するもの）に関する紛争や軋轢《あつれき》に見舞われることになるのである。場合によっては、個人の尊厳や正義に適った平等な権利義務関係の構築を阻害するおそれも生じよう。すなわち、異性婚とその家族に関する諸事項については、二四条二項で制度化され、憲法の人権思想に基づく規制が用意されている。ところが、それとは異なり、同性カップルとその家族との間では、その点については制度的な規制・手当がない状態に置かれている。その結果、「関連事項」に関する無視できない紛争や軋轢が残ったままの状態となるのである。

そうであれば、国会としては、その制度をどのような法理念、法原則に基づき構築するのかがさらに問題となる。その点については、同性同士のカップル（登録パートナーシップ制度の二人）とその家族は、現状において、既に憲法二四条二項でいう「婚姻と家族」に類似した社会的存在と評価できる。であるなら、憲法二四条二項全体を類推適用し、個人の尊厳と双方の本質的平等に立脚して制度設計をするべきなのである。

基礎となる法理念

この解釈は、二四条一項とは整合しない解釈かもしれないので、二項そのものの適用をいうものではない。しかしながら、同性婚ではなく、登録パートナーシップ制度にある二人の共同体とその家族であっても、その実態は二項の「婚姻と家族」と類似した社会的存在である。それに関連する諸事項は、憲法理念に沿った原則によって処理されるべきなのである。そうであれば、その法的共同体と家族に関連する諸事項(パートナーの選択、財産権、住居の選定、パートナー関係の解消、その他の関連事項)に二四条二項を類推適用することは、憲法の条文解釈として当然に許されるというべきではなかろうか。この新しい憲法解釈は、同性同士のカップルの個人の尊厳に適うものであって、家族との関係も合理的な規律で処理されることになるので、まさに、司法による違憲立法審査権の行使のあり方として十分に是認されるものといえよう。

このような解釈手法は、二四条二項の「婚姻及び家族に関するその他の事項」についての一種の拡張解釈である。しかし、同性同士のカップルとその家族の社会的実態をみれば、二項を適用するに相応しいものである。それは、憲法一三条及び一四条一項の趣旨にも合致するものである。そして、東京地裁らの三つの判決も、二四条二項全体の準類推適用等の解釈手法についての説明、表現にはなっていないが、基本的な考え方は、この類推適用説と大差ないものとみることもできよう。この解釈・適用は、国民的な理解も得られると思われ、許容されるのではないであろうか。

このような二四条二項の類推適用によって、登録パートナーシップ制度は憲法上の制度であり、権利であるということになって、それによる差別意識が生ずることはかなりの程度防げるのではないか、と考える。

そうであれば、この解釈・適用は、それにより同性婚問題を実質的にかなり解決することになるので、これまでにはない成果を上げることができると確信している。

類推適用と違憲審査の先例

法律に関しては、司法によるこのような条文の類推適用は、法の解釈・適用の一つとして認められ、改めて説明も不要なほど先例も多数存在している。しかしながら、憲法についてはどうであろうか。憲法が国家の統治機構や基本的人権の保障等を定める国の制度・施策に関する最重要法令であるため、安易に類推適用をすべきでないこともそのとおりである。

しかしながら、今回のテーマは、同性パートナーのカップルが、お互いに真摯に愛し合い、精神的、肉体的な結合による永続的な生活を続けていこうとしても、その方法、制度的枠組みを民法等が用意していないのである。そのために、同性カップルの人達は、個人の尊厳に関わる重大な法的利益が損なわれているのであり、その状態をどう救済すべきかが問題となっているのである。そして、既に出された五つの地裁判決では、この状態は救済すべきものであるという点は共通認識となっている。

加えて、最高裁による憲法判断において、これまでの先例をみても、必要があれば憲法の限定的な適用、拡張的な解釈もある（本書第二章8「憲法二四条の壁を乗り越える」参照）。また、法律の条文の借用適用をした上での憲法判断をしている先例もある。

その先例は、既に紹介したとおりである。それは、本書の第四章1の「定数訴訟（一票の較差訴訟）（ヒント③）」の中にある小見出し「「法律に規定されていない定数訴訟」の創設（要点2）」の個所を参照願いたい。

簡単にその骨子だけを改めて述べると、昭和五一年衆議院定数訴訟大法廷判決は、公職選挙法二〇四条、二〇五条一項を借用適用して、国政選挙に係る定数訴訟を解釈により認めているのである。

これは、憲法ではなく、公職選挙法の条文解釈・適用の問題ではあったが、司法による違憲立法審査権の行使において、国政選挙の効力や国会議員の立法活動の正統性に直接関わる問題に取り組んだものである。すなわち、民主制の根幹となる国政選挙における国民の投票価値の平等の要請に応えるために、公職選挙法二〇四条等の条文を、類推適用というよりも正確には借用適用する形で、定数訴訟を判例法理によって作り出したのである。

このような先例もあり、類推適用もそれが憲法の理念の沿うものであれば許されるはずである。積極的司法による違憲審査権行使の歴史、先例は、本書で紹介した日米の例はもとより、ほかにも存在している。これらは、今回の性的マイノリティーの人達の個人の尊厳を守るための憲法の条文の類推適用をしっかりと後押しするものであると考えている。

おわりに

社会制度としての「婚姻」については、異性婚であるという歴史的、伝統的な観念があり、「父」「母」、「夫」「妻」という言葉が昔からあるように、それは長年にわたり社会制度として認知され、しっかりと定着している。そのため、それを大きく変える必要はないという意見も多くあって、同性婚をめぐる問題においては、今日、国民の間で見解・価値観の対立するテーマとなっている。そのことから、司法としては、国論を分かつような対立のある現状においては、憲法二四条一項、二項の文言の通常の意味・趣旨とは異なる解釈により一方に軍配を上げたり、あるいは、登録パートナーシップ制度のような婚姻類似の新制度をいきなり採用したりするべきではない、とする見解もあり得るところである。それは、このようなテーマについては、今しばらく同性婚に関する社会全体の今後の動静を見守るべきであり、できれば民主的な手続きによる場面で、すなわち、憲法二四条改正の是非を国民的な議論に委ねるべきであるという考え方なのであろう。

ところで、婚姻は、社会制度おいて核となる重要なものであるが、戦前までは、婚姻においては、そこでの生殖機能が重視され、子どもを産み、育てることが期待されていた。また、家庭内の役割分担がしっかりと存在しており、これらは、究極的には「家」の存続を重視する価値観が支配していた結果であるといえよう。そこでは、各人とその子孫の生存や生活の安定を図り、日々の安心感が得られることになり、親族で形成される家族間の信頼関係や和やかな日常生活が築かれ、確保されてきたのである。そして、家族形成のスタートとなる婚姻は、異性婚であることは当然のこととされ、性的指向の違いの問題は、通常は意識されることすらなかったといえよう。

その後、社会全体に個人重視の価値観に基づく社会規範が浸透してくるようになり、それが、婚姻や家族の在り方にも影響を与えてきている。今日では、結婚するかどうか、誰と結婚するかは本人の選択であり、核家族という形態も多数見られる状況になっている。このように、個人に着目した個人主義の流れは、婚姻についての観念にも影響を及ぼし、その多様化も叫ばれている状況が到来している。他方、今述べたように、異性婚が歴史的、伝統的な観念であり、そのことを疑わず、維持し尊重するべきであるとする価値観や、変えるべきではないとする感覚は、今なお強いことも理解できるところである。このテーマは、身近で日々の生活と直接関係するため、価値観の対立の解消は容易ではない。

しかしながら、近年の個人主義的思想の広がりによって、従前からの制度の枠よりも、自分自身の感覚、指向を大事にしようとし、あるいは、(潜在的に)自覚していた性的指向や性自認とはそぐわない社会的・歴史的制度については、それに縛られたくないという感覚が生ずるのは、ある意味では、自然の流れ、時代の流れともいえよう。

そして、本来、婚姻は、性的指向により相手の性を求めるもので、それこそが個人の生きる目的・喜びに直結し、各人の個人の尊厳に繋がる価値観なのだとする人達が現れてくるのは、不可避な現象ともいえよう。

ところで、現行憲法は、基本的人権の保障を高らかに掲げ、人類共通の崇高な理念を謳っているのである。憲法の具体的な規定の中には、伝統的で歴史的に支持されてきたものもあろう。しかし、そのことから今日においてもそれをただ保持しようとするのではなく、これまでの婚姻や家族の観念を、今日でも憲法の輝かしい理念の下で、そのまま続けていくべきかどうかを改めて考えてみてほしいのである。伝統的な制度が新しい理念・価値と齟齬する様相を見せてきたときは、その新しい理念とも向き合った上で、そこでの生き方、考え方に目を向けてみる必要があるのではないだろうか。

そして、そのような価値観の意味、重要性、変遷を見極め、新しい流れを未来志向で評価し、憲法の解釈・適用を考えていくことは、まさに、司法の基本的な責務であり、堅持していくべき姿勢であると信じている。

最高裁が、これまで、憲法の理念に沿った条文の解釈・適用を行い、時代を画する憲法判断を下してきたことは、たまたま生じたもの、あるいは例外的な法令の解釈・適用の事例ではない。それは、時代を超えて続く、この司法のあるべき姿勢を真摯に模索し歩み続けていることの結果であったのではないであろうか。

私としては、これからも、司法のこのような歩みを注視し続けていきたいと思っている。

注

(1) この点の事実関係については、同性婚訴訟で最初に判決がされ、我が国で初めてこのような区別取扱いが憲法の法の下の平等の原則に違反し違憲であるとする判断を示した、令和三年三月一七日言渡しの札幌地裁判決(判例時報二四八七号三頁)の事実認定に依拠している。

(2) 他方、日本の自治体レベルでは、いわゆるパートナーシップ宣誓制度(これは、地方自治体が、同性同士がカップルとして生活していることを証明し、それに対する一定の行政上のサービス、手当を行う制度で、法律上の制度ではない。)の導入が進んでおり、平成二七年以降、この制度を導入する地方自治体が増加し、令和五年一一月の時点ではその数は三六一となっている(この数字は、公益社団法人MFAJによる。)。そのほか、LGBTQ当事者の権利の尊重や差別の禁止についての基本方針を策定し実施している企業は、令和元年の調査によれば三六四社に及び、その数は増加する傾向にある。しかしながら、法制度としては、民法、戸籍法においては認められていないため、このことが憲法違反であるとして、同性同士の結婚も法制度としての婚姻として認めるべきであるとする訴訟が複数提起されてきている。

(3) 五つの訴訟においては、いずれも、民法等の関係規定について、同性カップルが婚姻による法的利益の享受ができず、他に享受できる法的枠組みを設けていないことが、憲法二四条等の規定に違反し違憲であると主張している。そこでは、既に立法措置がされている民法等の関係規定のどの部分が違憲で無効になるかは特定されていないので、違憲審査の対象が分かりにくくなっている。この点は、違憲立法審査権の本質の関わる問題でもあり、第五章1で説明したい。

また、登録パートナーシップ制度の問題は、第五章2で詳しい説明を加えている。

（4）「自然法」とは、人間の自然的理性に基づいて構成されていると考えられる、普遍的に正しく、かつ、永久不変の法をいう（『有斐閣 法律用語辞典』より）。要するに、人為的に定められる実定法に対立する法概念で、これを超越するものである。分かりやすくいえば、永久の法として既に存在しており、いわば神により創造された法であって、人間は、それを探し出して、事案に適用していくことになるのである。

（5）オバーゲフェル判決とそれまでの米国における同性婚問題については、多数の論稿が発表されており、この個所及び次の段落の記述の多くは、上田宏和「*Obergefell* 判決における同性婚と婚姻の権利」創価法学第四六巻第一号一～三一頁を主に参考にしているほか、大沢秀介ほか編著『アメリカの憲法問題と司法審査』（成文堂、二〇一六年）に収録された白水隆「第二章 同性婚の是非」、同書の中曽久雄「第四章 実体的デュープロセスの判断方法」、白石隆「オバーゲフェル判決を振り返る」立教アメリカン・スタディーズ三八巻一二三～一三三頁、前澤貴子「アメリカ連邦最高裁による同性婚認容判決」Quarterly Jurist 一五号二三〇～二三一頁、及びそれらで引用された論稿を参考にしている。

(6) ここで紹介するアール・ウォーレン長官時代の積極的司法(司法積極主義)の対応についての詳細は、「欧米諸国の憲法裁判制度について」と題した、私と孝橋宏及び豊澤佳弘の計三名の裁判官による最高裁判所の司法研究報告書(第四三輯第一号)としてまとめられている。もっとも、その報告書は、(財)法曹会から出版され、その後絶版となってしまっているが、その報告書の最後の「まとめと感想」の個所で全体の要約をしている。その部分については、拙者『違憲審査――その焦点の定め方』(有斐閣、二〇一七年)の一七五頁以下でそのまま引用・紹介している。参照いただければ幸いである。

(7) 昭和五一年衆議院定数訴訟大法廷判決(民集三〇巻三号二二三頁)。

(8) 「事情判決」とは、定数訴訟において、本判決が初めて打ち出した判例法理である。それは、本判決では、当該選挙区の定数配分規定が違憲となっていることを理由に当該選挙を無効とする場合、各選挙区での定数配分規定全体が違憲の瑕疵を帯び、訴訟を提起されたすべての選挙区の議員配分規定も違憲・無効と判断されることになる。そうなると、場合によっては、衆議院議員が一人もいなくなる事態もあり得よう。そのことも考え、本判決は、《法の所期せぬ混乱を招くとして、当該選挙の無効を宣言することは避け、判決主文では当該選挙が違法である旨を宣言するにとどめる処理をした。》。これが「事情判決」と呼ばれるものである。これは公職選挙法等には規定されていない処理である。要するに、議員定数配分規定を違憲・無効とし、選挙自体を無効としてしまうことにより、議員がいなくなるといった公の利益に著しい障害が生ずる場合に、《「一般的な法の基本原則」から生ずるもの》として、判例法理により採用されたものである。そして、当該選挙は違法であると宣言はするが、原告の選挙無効の請求自体は、判決の主文で請求を棄却している。

(9) 詳細な説明は、拙著『憲法判例と裁判官の視線』(有斐閣、二〇一九年)一四五頁以下。

(10) 「統治行為論」とは、国家の行為のうち、極めて高度の政治性を有する事項については、その適否は、司法審査の対象にならず、国会による判断に委ねるべきであるとする理論である。その例としては、衆議院の解散に関わる憲法七条による解散の効力の問題がある。その範囲については様々な意見があるが、理論自体は一般に承認されている。米国の連邦最高裁では「政治問題」(political question)として判例法理により理論化されている。

(11) 前記の拙著『憲法判例と裁判官の視線』は、その視点からまとめたものである。

(12) 「憲法の変遷」については、赤坂正浩「XV 憲法解釈の枠と憲法変遷論」『立憲国家と憲法変遷』(信山社、二〇〇八年)以下参照。また、鈴木秀美ほか編『憲法の発展I』(信山社、二〇一七年)に収録されている「VII 同性パートナーの憲法による保護」中のマルティン・ネッテスハイムの報告と松原光宏のコメントは、同性パートナーの法制化の問題と憲法の変遷を考える上で参考にした。

(13) 「選択的平和主義」及び「憲法の変遷」については、前記の拙著『憲法判例と裁判官の視線』一九六～二〇一頁参照。

(14) 国会の立法不作為が違憲とされた例として、本件に類似する構造の主張が展開された、在外邦人国民審査違憲訴訟についての令和四年五月二五日最高裁大法廷判決(民集七六巻四号七一一頁)がある。

(15) 前記の説明を踏まえると、民法等の規定が違憲ないし違憲状態であるとする判示は、民法等の規定が同性婚等を認める法的枠組みを用意していないという立法不作為を違憲ないし違憲状態と説示したものと読むべきであろう。そうであれば、結論が違憲か違憲状態かは、それによって具体的な条項が違憲・無効となるかどうかとは別の問題である。現在の国会の立法不作為状態が憲法の趣旨に反するとして、速やかな同性婚等の立法措置を執ることを命ずるためであれば、違憲であっても違憲状態であっても、どちらでも大きな違いはないといえる。むしろ、違憲状態であるが、結論は合憲(違憲でない)とわざわざ判示することは、国家はしかるべき立法措置を速やかに執らなくてもよいと捉えられるおそれがある。このことが、裁判所が意図した結論と逆のメッセージと誤解されないかが心配である。

また、前に紹介した定数訴訟では、具体的な定数配分規定をいきなり違憲とすると無効になって、再選挙もできない事態になる。それを回避するためや、合憲にするためには選挙制度全体の見直しをするなど、相応の時間を要するので、警告的な判断を先行させ、「違憲状態」にとどめるやり方を採用したのであろう。しかし、「立法不作為」が審査対象である以上、直ちに違憲としても不都合は生じないはずである。

なお、「違憲状態」の点については、前記の拙著『違憲審査――その焦点の定め方』三頁以下を参照されたい。

(16) 登録パートナーシップ制度については、諸外国の実情及びこのような新たな差別や偏見を生み出す点を指摘するものとして、日本弁護士連合会の「同性の当事者による婚姻に関する意見書」(二〇一九年七月一八日)の一四頁以下がある。そこでは、あくまでも同性婚の法制度化を目指すべきであるとする主張がしっかりと展開されている。

あとがき

樋口範雄教授の論文からのヒント

私は、著名な民事訴訟法学者である伊藤眞先生から、一昨年(二〇二二年)に提供を受けていた樋口範雄・東京大学名誉教授の論文「多様性の価値とアメリカ法――教育における affirmative action への賛否」(その後、法学協会雑誌一三九巻三号に登載された。)を、本書の原稿を脱稿した後に、改めて読み返す機会があった。

今日の社会制度においては、マイノリティーが受けている様々な制度的な不平等扱いや不利益が存在しているが、これら不平等扱いなどを是正すべきであるとする考え方や運動がグローバルな規模で展開されてきている。

この論文は、それを支える中心的な価値観となっている、社会の「多様性(diversity)の価値」について、米国の教育における人種差別を是正するための積極的差別是正措置(アファーマティブ・アクション(affirmative action))に焦点を当てて考察したものである。そこでは、米国におけるこの問題をめぐる長期にわたる裁判闘争の展開や憲法論的な議論の詳細な紹介がされており、社会の多様性の価値とは何かなどについて、改めて多くの示唆をいただいたように感じている。

このアファーマティブ・アクションは、一九六一年に米国のケネディー大統領が大統領令で表明した、社会的弱者の不平等扱い・不利益等を是正するための積極的な改善是正措置を表すものである。米国においては人種差別の解消が積年の課題となっており、本書で紹介したとおり、ウォーレン・コート時代の第一次・第二次ブラウン判決によって人種による分離教育は合衆国憲法修正第一四条の平等保護条項に違反するとされていたが、人種差別問題はその後も大きな社会問題として存在していた。そこで、差別是正のため、大学などの高等教育機関に少数人種の学生が入学できるように特別枠を設けたり、一律に少数人種の志願者に予め一定の点数を与えることなどの優遇措置が行われた。そのため、その是非(この措置自体が人種差別ではないか、白人への逆差別ではないかなど)をめぐって、様々な裁判闘争が展開されるという歴史があった。そこで樋口論文は、この裁判闘争の展開や、その過程での議論を詳細に紹介しながら、そもそも「社会の多様性とは何か、その価値とは何か、そしてそれを実現するにはどうすべきか」という問題について考察したものとなっている。

このような大学や高等教育機関において入学する学生の人種の多様性が確保されることについては、学生達の人種やそれによる生育環境等によって、発想等の相違や多面的な事実評価が生ずるため、問題意識の広がり、解決策の多様化、マイノリティーならではの斬新な視点等が獲得でき、教育、学問の面でより良い効果が生ずることは、ある意味では当然に想定されるところであろう。そうすると、その点について、改めて実証的な検討が必要なのかについては、疑問が生じないではない。

しかし、樋口論文での紹介によれば、アファーマティブ・アクションは、結果的には、それまで多数派であった人達を、高等教育の面で大きな不利益状態に置くことになるので、一種の逆差別(reverse discrimination)にもなっているのである。そのような強力な是正措置の必要性・合理性等を認めるためには、「社会の多様性」には価値があるという、しっかりした説明が必要となってくるのであって、ア・プリオリに価値があると決めつけるような抽象的な説明だけでは納得がいかないということなのであろう。すなわち、高等教育機関において社会の多様性を実現することには、本当に価値があるのか、どのような利益を生むのか、それは逆に白人の利益を損なう面があり、それを凌駕するだけの価値があるのかなどについてしっかりとした根拠が示される必要があるという反論がされるため、それに対応する必要があるからなのであろう。

樋口論文では、裁判で具体的に問題となった、ハーバードロースクールの学生が編集する「ハーバード・ロー・レビュー(*Harvard Law Review*)」において、編集委員選考に人種的多様性を入れたアファーマティブ・アクションを採用した結果、その成果として刊行された雑誌に掲載された諸論文が他で引用されないような質の落ちたものになったのか、それとも逆に引用数が増えて、雑誌の質の向上を示すものになったのかを取り上げ、高等教育の面での多様化の価値を図る一手段になるのか否かという観点からの応酬が行われたことを詳細に紹介している。そして、そのような実証的な研究が行われた結果、多様性に富んだ編集委員たちで選考・編集された「ハーバード・ロー・レビュー」の方が、登載論文の引用の数が有意に多くなっているとして、編集担当の学生の多様性の実現は、高等教育の面でも成果を上げたことが実証されたとするシカゴ大学教授ら四人の共同研究者が公表した論稿を紹介している。

そして、樋口論文は、米国の人種差別の是正のためのアファーマティブ・アクションの手法の正当性について、五〇年に及ぶ激しい議論が展開され、そこでの中心論点として、「多様性の価値」に焦点が当てられてきたとした上で、我が国においても、「障がい者との共生」「ジェンダーの平等」「性的少数者の人権尊重」「人種や国籍による差別禁止」などは、いずれも「多様性の価値」に裏打ちされているとしている。その上で、多様性の価値が「本当の意味で社会に定着するには、多様性とは何か、その価値とは何か、そしてそれを実現するにはどうすべきかについて、アメリカに負けないほどの議論が必要だと思われる。」と結んでいる。

私としても、樋口論文のこの指摘をしっかりと受け止めて、社会の多様性の価値と同性婚の認容について、改めて根源的な視点から考えていく必要があるように感じた次第である。

そこで、改めて、社会の多様性の価値とは何かを探り、社会の多様性に沿う同性婚の法制化が社会全体として価値あるもの、福祉の増大をもたらすものであるのかを、しっかりと確認してみることにした。その上で、多様性の価値を認めない考えの方々をどのような方法・論理で説得していくのかについて、私の感想程度のものではあるが、本書の最後に述べておきたい。

社会の多様性の価値の意義と同性婚の認容

今日、社会の多様性に関わるテーマは多岐にわたり、様々な社会制度上の差別的取扱いなどが俎上に載せられている。そして、それらを是正することは、社会の多様性を高めることにより社会全体の福祉の増大に繋がる価値のあるものであると説明されている。例えば、障がい者との共生、人種・民族や国籍による差別の禁止、ジェンダーの平等、性的マイノリティーの人権尊重等が取り上げられている。

そこでは社会的に、マイノリティーの差別扱い・不利益等を社会全体としてどのように考えるのかについて、それを、歴史的、伝統的なものなのでそのままで良いとするのか、あるいは、その是正を図り多数の人達との共存を図ることにより社会の多様性を確保するための措置を執るべきであると考えるのか、が問題となる。

後者の考えについては、そもそも社会の多様性には価値があるということが前提であり、それを守り、実現していくべきであって、それは、今や世界的に見てもあるべき社会像となっていることを根拠とするものであろう。しかし、この点をもう少し突き詰めて考えてみたい。

まず、マイノリティーにとっては、社会の多様性が進むことは、例えば、LGBTQ問題に関する社会全体の理解が進むため、その権利、利益等が社会的に認知され、差別や偏見から解放される(ないし、されやすくなる)ことになる。その結果、これまで損なわれていた、豊かで人間らしい生活、利益を享受することが可能となる制度改正に繋がることになるので、価値のあるものであることは当然と考えることができよう。

他方、社会全体(これは多数派により社会制度がつくられた社会なのである。)から見ると、社会の多様性の進展は、従前から伝統的に守られてきた規範、これまで支持されてきた価値観等が変容する場面が多くなり、それが住みやすい社会の仕組みや慣れ親しんだ行動が規制されたり、さらには、今までとは異なる行動の強制等に繋がることもある。その点で、社会の多様性の推進は、多数派にとっては、違和感や拒否感が生ずることもあり、社会全体の分断、対立を生じさせるおそれもあって、皆が、それを当然に価値あるものと考え、行動することになるのかについては、改めて慎重な検討をすべきであると考えるのであろう。

このような見解の相違が生ずるのは、次のような事情からであろう。すなわち、我が国で考えられているマイノリティーへの不利益扱いなどに対する是正措置は、米国のアファーマティブ・アクションと比べ、不利益扱いをしている多数派に対し強烈で具体的なものではないとしても、やはり彼らに対しては、既存の利益や、慣れ親しんだ制度の変容等による不安、困惑を生じさせるものである。そうであれば、社会の多様性を増大させる是正措置は、社会全体にとって本当に価値のあるものなのか、どのような価値のあるものなのかについて、やはり説得力のある説明をしてもらう必要があると考えるのであろう。

そこで、ここでは、様々な不利益扱いのうち、本書のテーマである同性婚問題を取り上げて検討してみたい。そこでは、性的マイノリティーへの偏見や差別を是正し、その人権や法的利益の保護のために同性婚を制度として認めることは、様々な性的指向の異なる人達がそのことを認め合い、それを尊重しながら生活を送ることができるような社会となること、すなわち、社会の多様性を実現することである。そのことは、性的マイノリティーにとってばかりではなく、社会全体にとってもどのような利益を生むのか、それが本当に価値あるものであるのか、を改めて確認しておきたい。

同性愛ないし同性愛者については、かつては、精神的疾患で治療すべきもの、あるいは、性秩序を乱す不道徳なものとされていた。しかし、この点については、今日においては、これらは科学的根拠のない誤解であり、相手方に対して性的な魅力を感ずることは、それが同性に対する場合であっても、その性的指向自体は、当人の意思による選択ないし変更ができるものではないと理解されるようになってきている。

しかしながら、そのような正しい理解を前提にした上であっても、多数者が歴史的、伝統的かつ文化的に築き上げてきた社会制度としての婚姻は、異性間のカップルが、愛し合い、終生の精神的、肉体的な共同生活を営むことを目的とし、子を出産、養育することにより、社会生活の単位となる家族を形成し、社会の永続と進展に寄与する制度として守られてきたものである。そのため、少なくとも子の出産ということが期待されない同性のカップルについても婚姻制度に加える必要があるのかという反論や対立感情が生ずることも、現実には否定できないところであろう。

しかしながら、本文で述べたように、近代社会の到来と共に、自由主義思想、ないし個人重視の価値観の登場により、従前の社会制度の枠内での生活に縛られるのではなく、自分自身の感覚、指向を大事にすべきであるとする思想・価値観が広がってきている。そうすると、個々人の性的指向は、多くは異性に対し向けられるものであっても、中にはそれが同性に向く者も、少数ではあっても厳然と存在するのである。その場合、当人の性的指向は、生来のものであって変えられないものである以上、同性の相手を愛し、二人がカップルとして終生の精神的、肉体的な結び付きによる共同体を築いていきたいという強い思いを抱くことは、当然のことであろう。それは、既に述べたところであるが、婚姻という法制度における法的利益を享受することのほか、二人の個人の精神的、肉体的な結合という婚姻における当事者としての人格的で根源的な永続性のある結び付きの喜び、日々の精神的な充実感、相互の助け合いによる一種の運命共同体的な安心感や相互の心からの尊敬と信頼の素晴らしさなどは、まさに、婚姻による「かけがえのない個人の尊厳としての喜び」だからなのである。

このような個人重視の自由主義思想は、今日では特別に例外的なものではなく、伝統的な社会制度に縛られずに、自己の性的指向に沿った人生を送ることを志向する人達が生じ、それが広がっていくのは不可避であろう。そして、自己の性的指向に合う(同性の)パートナーと婚姻し社会生活を送りたいと願うことは、我が国の憲法においても、一三条で保障している個人にとっての幸福追求の権利そのものであり、それは、まさに、個人の尊厳として損なわれることがあってはならない重大な人権であることが謳われていると解釈されるのである。また、同性愛者であるため、自己の性的指向に従った人生、社会生活、婚姻生活が送れないという状態は、まさに、憲法一四条で禁止された性別による合理性のない差別そのものなのである。

今日、民主国家における人権思想は、個人の基本的な人権保障を基本理念としており、それが、同性愛や同性婚に関する権利のような少数者のものであっても、当然に尊重し保障すべきものである。多数者は、そのことに対し否定的な態度や違和感を持つことがあったとしても、それを保護することがより大きな国益を損なうような例外的な場合でない限り、当該少数者の権利、利益が憲法上の理念、価値に適うものである以上、それを保障する対応を取るべきであろう。多数者といっても、テーマによっては少数者となることもある。その場合でも、そのテーマが憲法的な価値、守るべき人権であるときは、それが守られるという仕組みを堅持することこそが、まさに法の支配の理念が貫かれている価値ある社会であるといえるのではないであろうか。その意味で、同性婚問題についても、社会の多様性の進展、具体的には、同性婚制度の構築は、それが価値あるものかどうかについて、米国のアファーマティブ・アクションのように、具体的な数値等による実証的な検討を待つまでもなく、社会全体に大きな利益・福祉を生むものであることは明らかであると考える。

この点については、同性婚問題は、結局、憲法問題であり、政策論としては、歴史的、文化的に慣れ親しんだ婚姻(異性婚)の観念を変更するものであるため、賛否両論となり、その憲法上の価値を認めながらも、憲法二四条を改正するのでなければ認められない(認めたくない)とする見解もあり得るところであろう。すなわち、同性婚の認容は、憲法一三条、一四条の要請であるとしても、立法がそれに消極的な姿勢を取り続けることが予想されないではない。同性婚の法制化に賛成する意見は、国民全体の七割前後に及んでおり、マスコミの支持も厚いテーマであるが、現行制度を支持し、同性婚を嫌う人達も存在するため、現在の状況は、立法が動きだそうとしても動けない（動かない）という政治的・社会的閉塞状況にあるともいえる。

このような状況下での解決の糸口は、法原理機関としての最高裁大法廷判決による明確な憲法判断が示されることであろう。これこそが、今日、司法に期待されている途であり、その判断と対応は、国民全体の支持が得られるはずであると考えている。

さらに、同性婚の法制化によって性的マイノリティーの損なわれている個人の尊厳を回復することにより性的指向を理由とする差別扱いがなくなり、皆が文字どおり共生していける社会の多様性を実現していくための方法については、次の点を指摘しておきたい。

同性婚制度を法制化するための過程では、次のような留意が必要である。

まず、具体的な制度設計について国会で審議が行われることになるが、そのために、実現への障害となる状況をいきなり排除したり、例外のない規制の実施や、あるいは数値的な行動目標の定立のような、反対ないし慎重な意見等を封じ込めるような手段が強行される場合には、多様性の実現の過程において、価値観や感情の激しい対立が創出されたり、嫌悪感等が社会全体に広がるおそれもあり得よう。そうすると、多様性実現を図るための方法についても、理解と協力を得るための適切なプロセスが求められるところでもある。

そして、同性婚の法制度化は、社会制度の大きな転換であるため、具体的な制度内容についての国会内外での意見交換のみならず、同性婚制度の意義等についての幅広い啓発活動が不可欠であろう。制度の定着のために、制度化後も、丁寧で長期的な対応が、行政やマスコミ、教育現場で求められるところである。

アファーマティブ・アクションに関しては、昨年(二〇二三年)六月二九日、米国連邦最高裁は、ハーバード大学とノースカロライナ大学における入学者選抜について、「法の下の平等」を定めた合衆国憲法修正第一四条に違反するという判断を示し、米国社会を二分する賛否を巻き起こしている。この判決の多数意見は、中間派といわれているロバーツ長官を含む六人の判事によるものであり、近時の最高裁の保守化傾向を示すものであろう。

なお、この判決は、「社会の多様性の価値」自体を否定したものではなく、多様性確保の方法としての優遇措置の内容が問題にされたものというべきである。

千葉勝美

1946年生まれ
1970年東京大学法学部卒業
1982年判事任官後，最高裁判所民事局長兼行政局長，同首席調査官等を歴任
2009年最高裁判所判事
2017年旭日大綬章を受章
現在－弁護士
著書－『違憲審査―その焦点の定め方』(有斐閣)
『憲法判例と裁判官の視線―その先に見ていた世界』(有斐閣)
『判事がメガネをはずすとき―最高裁判事が見続けてきた世界』(日本評論社) ほか

同性婚と司法　　岩波新書(新赤版)2008

2024年2月20日　第1刷発行

著　者　千葉勝美《ちばかつみ》

発行者　坂本政謙

発行所　株式会社 岩波書店
〒101-8002 東京都千代田区一ツ橋2-5-5
案内 03-5210-4000　営業部 03-5210-4111
https://www.iwanami.co.jp/

新書編集部 03-5210-4054
https://www.iwanami.co.jp/sin/

印刷製本・法令印刷　カバー・半七印刷

ISBN 978-4-00-432008-1　　Printed in Japan

岩波新書新赤版一〇〇〇点に際して

ひとつの時代が終わったと言われて久しい。だが、その先にいかなる時代を展望するのか、私たちはその輪郭すら描きえていない。二〇世紀から持ち越した課題の多くは、未だ解決の緒を見つけることのできないままであり、二一世紀が新たに招きよせた問題も少なくない。グローバル資本主義の浸透、憎悪の連鎖、暴力の応酬――世界は混沌として深い不安の只中にある。

現代社会においては変化が常態となり、速さと新しさに絶対的な価値が与えられた。消費社会の深化と情報技術の革命は、種々の境界を無くし、人々の生活やコミュニケーションの様式を根底から変容させてきた。ライフスタイルは多様化し、一面では個人の生き方をそれぞれが選びとる時代が始まっている。同時に、新たな格差が生まれ、様々な次元での亀裂や分断が深まっている。社会や歴史に対する意識が揺らぎ、普遍的な理念に対する根本的な懐疑や、現実を変えることへの無力感がひそかに根を張りつつある。そして生きることに誰もが困難を覚える時代が到来している。

しかし、日常生活のそれぞれの場で、自由と民主主義を獲得し実践することを通じて、私たち自身がそうした閉塞を乗り超え、希望の時代の幕開けを告げてゆくことは不可能ではあるまい。そのために、いま求められていること――それは、個と個の間で開かれた対話を積み重ねながら、人間らしく生きることの条件について一人ひとりが粘り強く思考することではないか。その営みの糧となるものが、教養に外ならないと私たちは考える。歴史とは何か、よく生きるとはいかなることか、世界そして人間はどこへ向かうべきなのか――こうした根源的な問いとの格闘が、文化と知の厚みを作り出し、個人と社会を支える基盤としての教養となった。まさにそのような教養への道案内こそ、岩波新書が創刊以来、追求してきたことである。

岩波新書は、日中戦争下の一九三八年一一月に赤版として創刊された。創刊の辞は、道義の精神に則らない日本の行動を憂慮し、批判的精神と良心的行動の欠如を戒めつつ、現代人の現代的教養を刊行の目的とする、と謳っている。以後、青版、黄版、新赤版と装いを改めながら、合計二五〇〇点余りを世に問うてきた。そして、いままた新赤版が一〇〇〇点を迎えたのを機に、人間の理性と良心への信頼を再確認し、それに裏打ちされた文化を培っていく決意を込めて、新しい装丁のもとに再出発したいと思う。一冊一冊から吹き出す新風が一人でも多くの読者の許に届くこと、そして希望ある時代への想像力を豊かにかき立てることを切に願う。

（二〇〇六年四月）

岩波新書より

法律

医療と介護の法律入門　児玉安司
敵対的買収とアクティビスト　太田洋
会社法入門〔第三版〕　神田秀樹
法の近代　権力と暴力をわかつもの　嘉戸一将
少年法入門　廣瀬健二
倒産法入門　伊藤眞
国際人権入門　申惠丰
AIの時代と法　小塚荘一郎
労働法入門〔新版〕　水町勇一郎
アメリカ人のみた日本の死刑　デイビッド・T・ジョンソン　笹倉香奈訳
虚偽自白を読み解く　浜田寿美男
親権と子ども　榊原富士子　池田清貴
裁判の非情と人情　原田國男
独占禁止法〔新版〕　村上政博
密着 最高裁のしごと　川名壮志

「法の支配」とは何か　行政法入門　大浜啓吉
憲法への招待〔新版〕　渋谷秀樹
比較のなかの改憲論　辻村みよ子
大災害と法　津久井進
変革期の地方自治法　兼子仁
原発訴訟◆　海渡雄一
民法改正を考える◆　大村敦志
人が人を裁くということ　小坂井敏晶
知的財産法入門　小泉直樹
消費者の権利〔新版〕　正田彬
名誉毀損　山田隆司
刑法入門　山口厚
家族と法　二宮周平
憲法とは何か　長谷部恭男
良心の自由と子どもたち　西原博史
著作権の考え方　岡本薫
法とは何か〔新版〕　渡辺洋三
戦争犯罪とは何か　藤田久一
日本の憲法〔第三版〕　長谷川正安

憲法と天皇制　横田耕一
自由と国家　樋口陽一
憲法第九条　小林直樹
日本人の法意識　川島武宜
憲法講話◆　宮沢俊義

(2023.7)　◆は品切，電子書籍版あり．(B)

岩波新書より

社会

女性不況サバイバル　竹信三恵子
パリの音楽サロン　青柳いづみこ
持続可能な発展の話　宮永健太郎
皮革とブランド　変化するファッション倫理　西村祐子
動物がくれる力　教育、福祉、そして人生　大塚敦子
政治と宗教　島薗進編
超デジタル世界　西垣通
現代カタストロフ論　金子勝　児玉龍彦
「移民国家」としての日本　宮島喬
迫りくる核リスク　〈核抑止〉を解体する　吉田文彦
記者がひもとく「少年」事件史　川名壮志
中国のデジタルイノベーション　小池政就
これからの住まい　川崎直宏
検察審査会　ディビッド・T・ジョンソン　平山真理　福来寛

ドキュメント〈アメリカ世〉の沖縄　宮城修
東京大空襲の戦後史　栗原俊雄
土地は誰のものか　五十嵐敬喜
民俗学入門　菊地暁
企業と経済を読み解く小説50　佐高信
視覚化する味覚　久野愛
ロボットと人間　人とは何か　石黒浩
ジョブ型雇用社会とは何か　濱口桂一郎
法医学者の使命　「人の死を生かす」ために　吉田謙一
異文化コミュニケーション学　鳥飼玖美子
モダン語の世界へ　山室信一
時代を撃つノンフィクション100　佐高信
労働組合とは何か　木下武男
プライバシーという権利　宮下紘
地域衰退　宮﨑雅人
江戸問答　田中優子　松岡正剛

広島平和記念資料館は問いかける　志賀賢治
コロナ後の世界を生きる　村上陽一郎編
リスクの正体　神里達博
紫外線の社会史　金凡性
「勤労青年」の教養文化史　福間良明
5G　次世代移動通信規格の可能性　森川博之
客室乗務員の誕生　山口誠
「孤独な育児」のない社会へ　榊原智子
放送の自由　川端和治
社会保障再考　〈地域〉で支える　菊池馨実
生きのびるマンション　山岡淳一郎
虐待死　なぜ起きるのか、どう防ぐか　川崎二三彦
平成時代◆　吉見俊哉
バブル経済事件の深層　奥山俊宏　村山治
日本をどのような国にするか　丹羽宇一郎
なぜ働き続けられない？　社会と自分の力学　鹿嶋敬
物流危機は終わらない　首藤若菜

岩波新書より

認知症フレンドリー社会	徳田雄人
アナキズム 一丸となってバラバラに生きろ	栗原康
まちづくり都市 金沢	山出保
総介護社会	小竹雅子
賢い患者	山口育子
住まいで「老活」	安楽玲子
現代社会はどこに向かうか	見田宗介
EVと自動運転 クルマをどう変えるか	鶴原吉郎
ルポ 保育格差◆	小林美希
棋士とＡＩ	王銘琬
科学者と軍事研究	池内了
原子力規制委員会	新藤宗幸
東電原発裁判	添田孝史
日本問答	田中優子 松岡正剛
日本の無戸籍者	井戸まさえ
〈ひとり死〉時代のお葬式とお墓	小谷みどり
町を住みこなす	大月敏雄
歩く、見る、聞く 人びとの自然再生	宮内泰介
対話する社会へ	暉峻淑子
悩みいろいろ	金子勝
魚と日本人 食と職の経済学	濱田武士
ルポ 貧困女子	飯島裕子
鳥獣害 動物たちと、どう向きあうか	祖田修
科学者と戦争	池内了
新しい幸福論	橘木俊詔
ブラックバイト 学生が危ない	今野晴貴
原発プロパガンダ	本間龍
ルポ 母子避難	吉田千亜
日本にとって沖縄とは何か	新崎盛暉
日本病 長期衰退のダイナミクス◆	金子勝 児玉龍彦
雇用身分社会	森岡孝二
生命保険とのつき合い方◆	出口治明
ルポ にっぽんのごみ	杉本裕明
鈴木さんにも分かるネットの未来	川上量生
地域に希望あり◆	大江正章
世論調査とは何だろうか◆	岩本裕
フォト・ストーリー 沖縄の70年	石川文洋
ルポ 保育崩壊	小林美希
多数決を疑う 社会的選択理論とは何か	坂井豊貴
アホウドリを追った日本人	平岡昭利
朝鮮と日本に生きる	金時鐘
被災弱者	岡田広行
農山村は消滅しない	小田切徳美
復興〈災害〉	塩崎賢明
「働くこと」を問い直す	山崎憲
原発と大津波 警告を葬った人々	添田孝史
縮小都市の挑戦	矢作弘
福島原発事故 被災者支援政策の欺瞞	日野行介
日本の年金◆	駒村康平
食と農でつなぐ 福島から◆	塩谷弘康 岩崎由美子
過労自殺〔第二版〕◆	川人博

岩波新書/最新刊から

1999 **豆腐の文化史** 原田信男著

昔から広く日本で愛されてきた不思議な白い食べ物の魅力を歴史的・文化的に描く。食文化史研究の第一人者による渾身の書下ろし。

2000 **耳は悩んでいる** 小島博己編

加齢による聞こえ方の変化、幅広い世代に増えている難聴。耳の構造、病気、予防を解説し、認知症との関連など最新の知見も紹介。

2001 **ケアの倫理** ―フェミニズムの政治思想― 岡野八代著

ひとはケアなしでは生きていけない。それではケアをするのは誰か？ ケアされる／する人間の真実の姿から正義や政治を問い直す。

2002 **「むなしさ」の味わい方** きたやまおさむ著

自分の人生に意味はあるのか、自分に存在価値はあるのか。誰にも生じる「心の空洞」の正体を探り、ともに生きるヒントを考える。

2003 **ヨーロッパ史** 拡大と統合の力学 大月康弘著

ヨーロッパの源流は古代末期にさかのぼる。「世界」を駆動し、近代をも産み落とした〈力〉の真相を探る、汎ヨーロッパ史の試み。

2004 **感染症の歴史学** 飯島渉著

パンデミックは世界を変えたのか――天然痘、ペスト、マラリアの歴史からポスト・コロナ社会をさぐる。未来のための疫病史入門。

2005 **暴力とポピュリズムのアメリカ史** ―ミリシアがもたらす分断― 中野博文著

二〇二一年連邦議会襲撃事件が示す人民武装の理念を糸口に、現代アメリカの暴力文化とポピュリズムの起源をたどる異色の通史。

2006 **百人一首** ―編纂がひらく小宇宙― 田渕句美子著

成立の背景を解きほぐし、中世から現代までの受容のあり方を考えることで、和歌のすべてを網羅するかのような求心力の謎に迫る。

(2024. 2)